Diario de una ruptura

SILVIA CONGOST

Diario de una ruptura

Cómo convertir el final de una relación
en un nuevo comienzo

Papel certificado por el Forest Stewardship Council®

Penguin
Random House
Grupo Editorial

Primera edición: marzo de 2024

Printed in Spain – Impreso en España

ISBN: 978-84-03-52450-7
Depósito legal: B-642-2024

Compuesto en Mirakel Studio, S. L. U.

Impreso en Black Print CPI Ibérica, S. L.
Sant Andreu de la Barca (Barcelona)

AG 2 4 5 0 7

Este libro es para ti,
que has transitado el abismo de las horas muertas,
de la soledad delirante,
de la desesperación más aplastante,
de las noches sin alba,
de los días sin risas,
de las tardes sin más.

Este libro es para ti,
que te aferras fuerte a algo inexistente,
algo que solo sobrevive en tu mente,
y te resistes a soltarlo
mientras pierdes el compás.

Este libro brota de una herida profunda,
de una brecha inesperada y contundente,
de las que te sacuden y te dejan ausente,
perdido y sin paz.

Este libro es para ti,
alma infinita y perenne,
para ayudarte a recordar quién eres,
qué buscas
y a dónde vas.

Cada experiencia que vivimos es una oportunidad para redescubrirnos, una puerta que se abre y nos invita a un viaje maravilloso del que, si despertamos la mente y abrimos el corazón, podemos aprender grandes lecciones que nos permitan iluminar con más luz cada uno de nuestros días.

Dicen que los seres humanos vivimos las pérdidas como una mutilación, como si nos arrancaran una parte de nuestro cuerpo que nos pertenece. Dicen que sentimos *demasiado nuestro* aquello que hemos logrado o conseguido y que por eso nos parece injusto que la vida nos lo arrebate y se lo lleve, que nos negamos a aceptarlo, que nos aferramos fuerte a ello y no queremos soltarlo. Y dicen que la pérdida de esa persona a la que amamos y que se ha ido de nuestro lado de forma consciente y voluntaria, demostrándonos así que ya no quiere estar ahí, es de las más dolorosas y aniquilantes que existen. Quizá quien haya vivido el fallecimiento de su pareja habiendo tenido una relación sana, puede que crea que su experiencia es mucho peor. Es difícil cuantificar el dolor, al fin y al cabo se trata de un proceso muy personal que cada uno vive y afronta según sus propios recursos. Lo que es común a todas estas situaciones es que, cuantos más tengamos, mejor transitaremos estos cambios innegociables en nuestra historia.

Está claro que ninguna ruptura es agradable y que no hay una forma de vivirla con suavidad y bienestar. Más aún cuando una de las dos partes no desea ese cambio de sentido en su vida. Y si además resulta que falta claridad o sobra cobardía por parte de quien se va, o si aparecen mentiras, engaños, traiciones o reproches, es aún peor. El dolor se incrementa cuando no entendemos lo ocurrido o cuando nuestra mente lucha por aferrarse a eso que fue, pero que ya nunca más será.

No tengo ninguna duda de que todos, sin excepción, estamos preparados para enfrentarnos a cualquier pérdida. Siempre he pensado que la vida jamás nos expondría a una situación para la que no tengamos recursos. Si nos pone en ese camino sin asideros, es porque tiene la certeza de que somos capaces de encontrarlos. Siempre. Pero es cierto que cuando uno vive un proceso de ruptura que no espera ni desea, a no ser que haya hecho un largo y profundo trabajo de crecimiento personal, no le resultará fácil enfocarlo pensando en esa cara amable de la vida, sino justo al contrario.

Escribir un libro sobre cómo afrontar el final de una relación de pareja es un tema que tenía pendiente desde hacía mucho, mucho tiempo. Llevo ya más de dos décadas viendo sufrir a incontables personas por el mismo motivo. La mayoría de nosotros hemos vivido o viviremos alguna ruptura a lo largo de nuestra vida. Y aunque sea una realidad que nadie desea y que siempre tratamos de evitar, es algo muy habitual y que, por nuestro bien, deberíamos normalizar. Sé que la idea de *normalizar las rupturas,* por lo general, produce cierto rechazo, porque parece que significa que ya no nos comprometeremos o que ya no pondremos de nuestra parte para intentar que las relaciones funcionen y se mantengan en el tiempo. Nada de eso. Normalizar las rupturas es un acto de madurez y de inteligencia emocional. Es comprender que las relaciones pueden acabar, que puede que ya lo hayamos dado todo, que puede que nuestros sentimientos cambien o que nuestra pareja ya no quiera estar ahí. Pero también es cierto que, normalizado o no, no sabemos cómo enfrentarnos a ello. No sabemos cómo transitar ese proceso de pérdida indeseada y aparentemente injusta, de manera que logremos dejar de sentirnos mutilados y empecemos a darnos cuenta de todo lo que ganamos y de todo lo que nos puede enseñar una desgarradora experiencia vital como esta.

Puede que en este momento estés viviendo un proceso de este tipo, que estés sintiendo el incomprensible abandono de quien supuestamente te amaba. O puede que vivieras algo así en tu pasado y, aunque ahora estás bien, comprendas por lo que se pasa y quieras ser más consciente de tu evolución. O puede que, simplemente, quieras aprender sobre ello porque sabes que es algo que aunque no te haya sucedido, te puede pasar algún día. O puede que solo busques un libro con contenido para nutrirte y que te ayude a entender mejor las relaciones humanas... Tal vez seas tú quien ha dejado la relación y sientes que también necesitas herramientas para reconciliarte contigo y con la vida. En cualquiera de estos casos, este libro es para ti.

Tal y como podrás comprobar en breve, se trata de un libro que he planteado de manera un poco distinta a mis anteriores obras. A nivel de contenido pretendo que sea igual, es decir, que aporte recursos, claridad y muchas herramientas que ayuden a superar este tipo de experiencias en la mayor brevedad posible; pero la forma de contarlo es otra.

Hace unos años, yo misma tuve que enfrentarme a una ruptura que no esperaba y para la que creía que no estaba preparada. Fue una experiencia compleja que puso a prueba mis propias capacidades para resolver este tipo de giros vitales porque sucedió en un momento complicado para mí. Pero la vida es así, juguetona y caprichosa. Le encanta retarnos para que aprendamos y no dejemos de crecer. Le encanta exponernos a aquello que más tememos y acercarnos sin remedio al mismísimo abismo del miedo a la soledad.

Y, además, estaba mi viaje a París. ¿Qué iba a hacer con París? Es probable que tú, que hoy estás leyendo estas páginas, vivieras ese viaje en directo conmigo, pero si no lo hiciste te diré que era un viaje que había preparado con toda mi ilusión para hacer en pareja y que, con ese cambio drástico en mi vida, tuve que replantearme. Miles de preguntas vinieron a mi mente en cuestión de días. ¿Lo cancelo? ¿Voy sola? ¿Y si no lo soporto? ¿Y qué voy a hacer allí como un alma en pena? ¿No se trata de *la ciudad del amor*? En fin. Como habrás intuido, finalmente decidí llevarlo a cabo y fui compartiendo por Instagram cada uno de esos días. Fuisteis muchísimos los que me acompañasteis desde la distancia, dándome la mano mientras transitaba ese proceso tan catártico y transformador.

Sé que fue un viaje inspirador y empoderador para muchas almas heridas que, como la mía, trataban de reconstruirse buscando el camino más corto y menos desolador. Recibí cientos y cientos de mensajes de agradecimiento y otros cientos y cientos en los que me compartíais vuestras experiencias, vuestras rupturas, vuestro dolor.

Por eso, porque mi ruptura fue también un poco vuestra, porque vuestras historias se convirtieron un poco en mías, tal vez en nuestras, y porque, al fin y al cabo, una ruptura es una ruptura y en esencia todos vivimos estos procesos igual, en este libro quiero hablar de ello a través de la historia de Río, una mujer exitosa que se siente devastada por haber perdido el supuesto amor de su vida. Con un viaje a París de por medio al que no tiene claro que quiera ir, nos va contando a través de un detallado diario las encrucijadas emocionales a las que tiene que enfrentarse y el catártico y transformador proceso que experimenta mientras va cosiendo sus heridas y saboreando una asombrosa capacidad de resiliencia que no sabía que poseía.

No he pretendido escribir nada dramático, ni mucho menos victimista, de hecho los procesos de duelo, lejos de esto, son procesos de sanación, de reconstrucción y de renacimiento. Son momentos para volver a brotar y crecer más sabio y más fuerte que nunca. Mientras se transitan son dolorosos, sin duda.

Pero si entiendes la vida como yo lo hago, más tarde o más temprano acabarás comprendiendo tu dolor y empezarás a transformarlo en algo que incluso puede llegar a ser maravilloso. Debo confesar que siempre me he sentido un poco como una marioneta del destino, es decir, como si la propia vida me hiciera transitar por determinados lugares y experiencias, para que las sienta en mis propias carnes y para que así, desde ahí, pueda conectar de forma profunda con quienes estáis pasando por lo mismo. Como si me hubiera encomendado esta misión que le da sentido a todo (la de ayudar a aliviar el dolor y el sufrimiento ajeno), pero para llevarla a cabo, la condición es que pase por ello yo primero. Así es como puedo entender desde lo más profundo lo que uno vive cuando lo transita, así es como puedo reflexionar sobre la mejor forma de ayudar a otros y así es como me inspiro de verdad para poder compartir a través de mis libros, conferencias y eventos todo lo que he entendido, aprendido y crecido.

Es cierto que hay muchas realidades distintas, muchos tipos de rupturas y que cada uno de nosotros tenemos nuestra propia personalidad a la hora de lidiar con ellas. Pero creo que hay algo que es más importante que todo esto a la hora de determinar cómo será nuestro proceso de recuperación: la información, la educación y la consciencia. Todos tenemos unas creencias instaladas en nuestra mente, unas expectativas de futuro concretas y un nivel de autoestima determinado. Son tres elementos que, sin ninguna duda, van a interferir en nuestra forma de hacer frente a la pérdida de quien supuestamente amábamos. Pero te aseguro que cuanta más información y más educación tengamos sobre el amor y las relaciones, más preguntas nos haremos sobre aquello que nos sucede, más cuestionaremos nuestras propias *verdades absolutas* (que a menudo nos limitan e invalidan) y más nos replantearemos el porqué de eso que nos hace sufrir, de nuestros apegos, de nuestras carencias, de nuestros miedos. Son precisamente la información y la educación lo que nos hace despertar y ser más conscientes para así poder crecer, avanzar, madurar y aprender. Y eso es justo lo que trato de aportarte, una vez más.

Diario de una ruptura es un libro escrito con el objetivo de ayudarte a comprender lo que ocurre cuando atravesamos el dolor de una pérdida importante en nuestra vida y cuando no nos queda otra que iniciar un proceso de duelo, porque la relación que teníamos ha acabado. Quiero que conectes con esas emociones tan humanas y tan universales que son, a su vez, tan incómodas como necesarias, quiero que las identifiques y que las entiendas: esa rabia que en momentos puntuales nos hace arder por dentro, esas ganas de gritar poseídos por la impotencia y la frustración, esa destreza en el arte del autoengaño para no aceptar lo que está ocurriendo, esa amargura que nos ahoga por dentro cuando pensamos que nunca más podremos volver a sonreír. Las ganas de llorar, los esfuerzos sobrehumanos por seguir con la rutina, la pérdida de apetito, de energía, de ilusión… Todo esto es normal y te lo voy a mostrar. Pero también quiero mostrarte y que sientas dentro de ti la increíble capacidad para resurgir que tenemos los seres humanos. Nuestro infinito talento para encontrar la forma de sobrevivir, nuestro incansable poder de resiliencia, nuestra sensibilidad, nuestra capacidad para dejarnos seducir, incluso sin querer, por el arte y la belleza inagotables que nos rodean, nuestra fortaleza para seguir avanzando hasta sentirnos capaces de soltar ese pasado que ya no nos pertenece y volver a sentirnos libres, felices y llenos de vida.

Es cierto que, en mi caso, no tardé mucho en superar mi duelo y entiendo que cada persona necesita su tiempo. Sin duda mis conocimientos sobre el tema, el hecho de entender todo lo que me estaba ocurriendo, el porqué de cuanto estaba sintiendo y tener claro hacia dónde debía dirigirme para estar mejor, me ayudaron a avanzar hasta encontrar la salida. Y es que, insisto, esa es la clave. El conocimiento, la información y la educación. Te aseguro que el tiempo que dura un duelo no depende del amor que haya habido, de cuánto haya durado la relación o de si esta era sana o no. He visto muchas personas que experimentan una ruptura después de haber tenido una relación que ha durado apenas unos meses y tardan más de un año en pasar página, mientras que otras que han permanecido juntas durante muchos años son capaces de cerrar ese capítulo en pocas semanas. Lo importante, de nuevo, es tener la información adecuada que nos permita entender lo que nos está ocurriendo y lo que forma parte de un proceso de duelo normal. Y esto es lo que pretendo que comprendas y aprendas con este libro.

Deseo, pues, que te dejes llevar por Río, la protagonista de esta historia que he escrito para ti. Puede que se parezca a la tuya. O puede que no. Puede que ahora mismo ni siquiera estés viviendo algo así, en cuyo caso espero que este libro te ayude a comprender mejor las emociones y los procesos de quienes te rodean (a convertirte en una persona más empática o más compasiva) o que simplemente te inspire a descubrir espacios de tu interior que tal vez aún no sabías que existían.

Este libro está dedicado a todos aquellos que habéis transitado la compleja y tan habitual experiencia de una ruptura, pero también a los que, aunque no la hayáis vivido aún, puede que algún día tengáis que transitarla. Ninguna relación nos ofrece garantías, pero cuanto más preparados estemos, menos arduo y espinoso será el camino hacia nuestra recuperación, ese inevitable camino de adaptación a una nueva realidad sin esa persona.

Te deseo un feliz y transformador viaje.

SILVIA

Era como estar dentro de un sueño. La música, las luces girando, las miradas perdidas de la gente que me rodeaba… y sus cuadros a mi alrededor, proyectados en las paredes de esa inmensa nave, en gran formato. Tan grandes como habían sido mi desconcierto, mi tristeza y mi rabia juntas. Hechas una pelota de piedra y alambre, en un rincón de mi cuerpo, a punto ya de ser expulsada. Ojalá pudiera meterme en alguno de esos cuadros y desaparecer hasta que se esfumaran por completo los restos de esa pena pegajosa que se trasladó conmigo desde Barcelona y que no acababa de disolverse del todo.

Penetraría en *La noche estrellada*, sin duda uno de los cuadros de Van Gogh que más me han impactado y emocionado desde que lo vi por primera vez. Sí, si pudiera elegir dónde meterme ahora mismo, lo haría entre esas nubes giratorias que flotan sobre un pueblo imaginario, en cualquiera de esas pinceladas eternas. Me senté delante de la enorme proyección de ese cuadro y, como si de una compulsión automática se tratara, empecé a llorar. Como el cielo aquella mañana, pero con mucha más intensidad. Y eso que hacía varios días que ya no lo hacía. No podía creer todo lo que estaba viendo, sintiendo, experimentando… ¡Era impresionante! Acordes de Haendel, Bach y Vivaldi se revolvían con fuerza en ese dramático *in crescendo* de notas y pinturas. Una verdadera lluvia multisensorial como base de una experiencia que nunca olvidaré. De repente era el mismo Van Gogh quien me miraba, desde una proyección de tamaño descomunal, tan enorme que lograba que los trazos, los empastes y los colores adquirieran otra trascendencia. Qué pequeña me sentía de pronto..., qué insignificante. Y qué poderosa era la música en medio de aquel hechizo indescriptible... Qué maravilla.

Acabó el pase de aquella exposición inmersiva y no podía moverme. No quería moverme, no quería que ese momento acabara nunca, aunque no pudiera dejar de llorar. Y empezó el siguiente con la misma intensidad que el anterior. *La noche estrellada* ante mí y yo de nuevo deseando entrar en ella.

Vincent se inventó un pueblo para ese paisaje que veía desde su ventana en el manicomio de Saint-Paul-de-Mausole en 1889 en el que él mismo decidió ingresar después de cortarse la oreja. Y pintó ese cielo poco antes del amanecer. Yo lo tenía delante de mí, absorta y visiblemente emocionada. La gente me miraba raro, pero me daba igual. Ni siquiera los veía. Vincent se había cortado una oreja y, aquejado de todos los males emocionales del mundo, cogió un pincel y creó belleza. Yo podría haber hecho lo mismo con todo ese amasijo de emociones que me desbordaban desde la semana anterior. Pero yo no soy Vincent. Él pintó un paisaje que hoy, casi ciento cuarenta años después de ser concebido en su pequeño cuartucho, me acompañaba como nada ni nadie podía hacerlo en ese momento.

Una mujer negra con mirada compasiva se acercó a mí y me sacó de mi letargo. Era una trabajadora del Atelier des Lumières, llevaba un broche marrón con su nombre escrito en letras doradas: «Cécile». *Se llama igual que mi abuela,* pensé.

—*Êtes-vous ok?* —me dijo.

—¿Perdón? *Sorry?* —le respondí.

Mi francés seguía dejando bastante que desear y ella pareció verlo, así que lo intentó en inglés:

—*Are you ok?*

Me preguntaba si me encontraba bien, con cara de preocupación. Debía de llevar bastante rato llorando como si no hubiera un mañana. Incluso me ofreció un pañuelo. Fue el acto más tierno que experimentaba en muchos días, aunque es cierto que no el único. Entonces empecé a llorar más, y a la cara de Cécile se sumó una expresión de desconcierto.

—*I'm okay, just heartbroken, but I'm okay...*

Le dije como pude que no se preocupara, que solo tenía el corazón roto.

—*Ohhh, I understand, but you shouldn't be crying for someone who doesn't love you* —respondió ella mientras ponía su mano en mi hombro y me miraba fijamente.

Cécile puso cara de pena, giró sobre sus pasos y se marchó por donde había venido. Que no le regalara a él ni una lágrima más es lo que me dijo muy resumidamente. Y es que Cécile tenía toda la razón del mundo y de hecho yo ya estaba en ello... A decir verdad, ya ni siquiera estaba llorando por él. Lo que ocurría es que se me habían acumulado muchas emociones en aquel momento y yo soy muy muy sensible. Además, el día tan gris ceniza que lo teñía todo no me estaba ayudando. Vincent me curaba y ahora Cécile también trataba de hacerlo, de forma desinteresada, de mujer a mujer, de madre a hija, de hermana a hermana. Ella sabía que yo lloraba por una pareja. *¿Es que las mujeres solo lloramos por desamor?*, pensé. Ya se me estaban olvidando las lágrimas y me estaba poniendo rabiosa otra vez, pero conmigo misma. En esos últimos días había adquirido la capacidad de oscilar entre estados emocionales aparentemente opuestos en tan solo segundos, y era un superpoder un tanto desagradable, así que me levanté, salí de allí y empecé a caminar algo nerviosa, con ganas de gritar para desahogarme, enfadada por haberme vuelto a sentir así.

Dejé tras de mí la preciosa exposición de Van Gogh en la que había pasado la tarde entera y que ahora se desdibujaba a cada paso que daba. Una espesa niebla a juego con mi estado mental lo envolvía todo y empapaba mi cara mojada.

Me llamo Río. *Pero ¿Río no es un nombre masculino?*, te preguntarás. Mira, yo no sé lo que es, pero me llamo Río. Mis padres me pusieron ese nombre porque mi madre, embarazada de mí, estaba leyendo una novela de Ana María Matute en la que aparecía un lugar muy mágico llamado Gran Río, donde había nacido el protagonista, y le pareció bonito a la par que original. Y a mi padre le pareció bien con tal de hacer feliz a mi madre. La verdad es que no conozco a ninguna otra mujer que se llame como yo, eso es cierto. Hombres tampoco, aunque sé que existen, como River Phoenix y un futbolista de no recuerdo qué país. Ah, y el hijo de mi amiga, que es nuevo en el mundo y se llama Riu.

Pues eso, que me llamo Río, tengo casi cuarenta y tres años, no tengo hijos ni los quiero (bastante tengo con ver a todas mis amigas haciendo malabares entre la vida física y la emocional desde que han parido) y ahora tampoco tengo pareja. Llevo diez días sola en París, estoy a punto de coger el avión de vuelta a casa, pero, antes de hacerlo, quiero contarte qué hago aquí, cómo llegué con una sensación de vacío más grande que el avión que me trajo y cómo me marcho con un amor por mí misma que nunca antes había experimentado. Estos diez días he llorado mucho, me he enfadado, he perdido los papeles, he sentido pena de mí misma, casi me consume la rabia, me he obsesionado y frustrado, he sufrido por apego y desapego, independencia, sed de libertad, necesidad abrumadora de un abrazo… En fin, creo que he transitado por todos los colores del arcoíris emocional. Cuando vuelva a Barcelona, todo seguirá exactamente igual que cuando me fui, pero yo ya no seré la misma. Y eso me hace sentir bien; y por eso quiero compartir mi experiencia. Aunque sé que probablemente el duelo siga su curso y esto no termine aquí... Tal vez solo acabe de empezar. O tal vez no.

DÍA 4 A. P.

Esta historia empieza un domingo por la tarde en Barcelona, casi una semana antes del viaje que teníamos programado a París. Faltaban cuatro días, para ser exactos. Jan estaba recogiendo sus cosas, porque tenía un viaje a Santiago para hacer un reportaje sobre los peregrinos que llegan a la catedral. Habíamos pasado todo el fin de semana juntos y bien, habíamos estado en casa, leyendo, cocinando, viendo una peli, salimos a cenar, a pasear por la ciudad... Lo que acostumbrábamos a hacer desde hacía ya un par de años... En apariencia, todo iba bien, no hubo ninguna discusión, ningún conflicto (no solía haberlos, porque Jan siempre fue especialmente callado y bastante *adaptable)*. No percibí ninguna señal que pusiera en evidencia que la relación pudiera estar en la cuerda floja, aunque, a decir verdad, en el fondo de mi corazón sabía que flotaba en el ambiente algo distinto. La realidad se había empezado a volver extraña y gaseosa desde hacía ya varias semanas. La maleta en la que Jan estaba metiendo sus cosas me pareció especialmente grande. Quien me ayudó a percatarme de eso fue Mel, mi gato, que tiene la manía de meterse en las maletas abiertas para evitar que nadie se vaya. El pobre asocia una maleta abierta al abandono, y no le culpo, porque suele ser así. La cuestión es que en cuanto se metió en la maleta de Jan, tomé consciencia de que le sobraba espacio por todos lados.

—¿No te llevas una maleta muy grande para un par de días, Jan? —le dije mientras él recogía meticulosamente sus cosas intentando esquivar al gato.

—Ah, no… es que quiero llevar cosas del trabajo, el ordenador, la cámara, el trípode y todo el papeleo, ya sabes… —Disimulaba tan mal que me daba hasta pena. Estaba claro que le pasaba algo, pero también que no tenía ganas de contármelo.

Sin embargo, me sentí falsamente aliviada al oír su vacía respuesta.

—Ah. Vale. Pero el jueves nos vemos, ¿no?

—Claro, Río, el jueves nos vemos.

—Y nos vamos a París…

—Sí. —Ese *sí* sonó mucho más líquido que todas las palabras que había pronunciado hasta ese momento. Se derramaba por todas partes, no había por dónde cogerlo. Emitía unas ondas extrañas, como si perteneciera a otra dimensión.

Me fui a la cocina a prepararme un chocolate caliente, porque me pareció que el ambiente se había quedado especialmente helado de repente. Es curioso cómo el cuerpo nos da avisos a los que la mayoría de las veces ni siquiera prestamos atención. Volví a la habitación.

—¿Ha pasado algo este fin de semana que te haya molestado? —le pregunté a Jan.

—¿Por?

—No sé, me estoy sintiendo un poco rara. Rara, mal.

—No ha pasado nada, Río. Nos vemos el jueves y hablamos lo que quieras, ahora me tengo que ir, que ya se me ha hecho tardísimo. —Jan hablaba rápido, estaba serio, neutro, no había verdad en sus palabras.

—Además me has llamado por mi nombre ya varias veces, y nunca lo haces —añadí.

Jan se puso nervioso. Lo acompañé hasta la puerta. Cargado con su maletón, la bolsa del trabajo y una mochila. Me quedé allí, esperando mientras llegaba el ascensor. Ni siquiera me miraba. Yo observaba paralizada el escenario, con mi chocolate caliente entre las manos heladas. Algo en mi interior me impedía moverme. El ascensor se detuvo y las puertas se abrieron.

—Vas a volver, ¿verdad?

Jan se rio falsamente ante mi ocurrencia. Ambos estábamos interpretando una ficción increíble. El subtexto se podía tocar con las manos. Las palabras se las llevaba el viento en cuanto salían de su boca. Las veía desaparecer escalera abajo arrastradas por el aire que entraba por el hueco del ascensor.

—Claro que sí, cariño. Nos vemos el jueves.

Nos vemos el jueves. Nos vemos el jueves... ¿Sabes esas palabras que se quedan grabadas a fuego y se convierten en un anclaje que va directo al dolor más agudo? Sí, seguro que sabes de lo que hablo. Esas palabras, acciones u objetos que de pronto nos trasladan de forma inmediata al lugar del trauma, que actúan como un portal directo a la herida abierta y suelen aparecer sin avisar, que trastocan los días y las noches que se estaban sucediendo de forma equilibrada (en apariencia) sin dejar ni rastro de la paz que las precedía. En mi caso, *nos vemos el jueves* serían después esas palabras-incendio que, al recordarlas, producirían una explosión repentina de engaño y abandono, la sensación de ser la persona más idiota del universo y de haber participado en una gran ficción.

Cargado con todas sus cosas, Jan me dio un abrazo tibio antes de irse, que sentí como un premio de consolación, un último regalo de despedida. Y yo sabía, con esa certeza con la que las mujeres sabemos algunas cosas, aunque sea difícil de explicar por qué, que aquel era nuestro último abrazo. A pesar de no querer creérmelo.

Me quedé sola en el rellano, con la puerta abierta, el chocolate, ya helado, y Mel maullando a mis pies, durante un buen rato. Escuché cómo el ascensor bajaba los cinco pisos, con el sonido metálico y rítmico alejándose poco a poco. Percibí su rumor en el portal del edificio y las ruedas de la maleta en los adoquines de la calle hasta desaparecer. Tras conectar de nuevo con el silencio, ahora más incómodo que nunca, me metí en casa, me senté en la cama y empecé a llorar. Se me cayó la taza y el chocolate se derramó en la alfombra blanca formando una mancha que se engrandecía lentamente, como un cáncer devorándolo todo. Lo sabía, estaba segura de que eso había sido un final, sí, pero no entendía nada.

Eran las ocho pasadas y tenía que terminar la presentación de mi libro, *La soledad del ser*. Por la mañana tenía una reunión con Geri, mi ayudante, mi amigo, para dejarlo todo atado para el martes. Iban a venir bastantes medios y numerosos lectores lo esperaban con avidez. Había prevista también una firma de ejemplares y algunas entrevistas. Sería un día importante, uno de esos días que culminan el trabajo de muchos meses, que aglutinan la ilusión que se ha ido gestando, palabra a palabra, con cada página.

Era mi segundo libro. Había publicado el primero cinco años antes y, sin esperarlo ni buscarlo, se convirtió en un superventas con un éxito arrollador. De repente, tras su publicación, mis redes sociales empezaron a crecer y mi buzón de entrada se colapsó con cientos y cientos de mensajes de agradecimiento. La verdad es que nunca imaginé que algo así pudiera pasarme ni que mi vida pudiera dar un giro de ese tipo. Porque, sí, mi vida cambió. Había escrito un libro que partía de mis historias personales y mis humildes reflexiones y aprendizajes y, sin pretenderlo, estaba ayudando a miles de personas de todo el mundo a entender sus propias zonas de oscuridad. *Los monstruos que habitan en ti* se había traducido ya a dieciséis idiomas y había vendido cientos de miles de copias en diferentes países. Según mi editora, ni la propia editorial sabe por qué ocurren estos fenómenos. De vez en cuando sucede con algunos libros y me sucedió a mí. Y me siento muy afortunada, aunque eso también conlleva un considerable peso debido a la enorme responsabilidad de no defraudar con el libro siguiente.

Puedo decir que *Los monstruos que habitan en ti* también fue terapéutico para mí. Escribirlo me ayudó a transitar una ruptura. O tal vez sería más adecuado decir que me ayudó a transitar *la ruptura*, porque fue la única relación importante que había tenido hasta ese momento. Tras doce años con Daniel, un chico absolutamente perfecto según todo el que lo conocía, tener que aceptar que por mi parte ya no había amor de pareja me obligó a enfrentarme a las más oscuras tinieblas de mi propia existencia. El miedo a hacerle daño, el miedo a arrepentirme, el miedo a verlo en un futuro con otra, el miedo a no ser capaz de superarlo, el miedo a que nadie lo entendiera, el miedo a los juicios ajenos, el miedo a quedarme sola… Ya sabes, ese miedo caprichoso que se mete en todo y te inmoviliza mientras te va asfixiando poco a poco. Y lo más irónico es que te sucede todo esto sin que exista el más mínimo atisbo de peligro ante ti.

En mi caso, ese malestar me llevó a escribir todo lo que me ardía por dentro y así nació *Los monstruos que habitan en ti*.

Lo pasé tan mal con aquella experiencia, que no tuve otra relación hasta que conocí a Jan. Entonces yo ya estaba totalmente recuperada y había decidido que quería escribir un nuevo libro y que iba a ser sobre la soledad. Me apuntaba a todos los encuentros que se organizaban sobre el tema porque quería conocer otros enfoques y nuevas maneras de entender esa parte tan universal de nuestras vidas.

Nos conocimos en una charla filosófica a la que asistimos en Barcelona sobre *la soledad según Nietzsche*. Después del evento empezamos a comentar algunos puntos de forma muy natural y acabamos tomando unos quesos y un vino en un restaurante cercano. Me sorprendió que un fotógrafo hubiera asistido a un encuentro sobre ese tema, pero, al escucharlo durante la cena, descubrí una sensibilidad que empezó a atraparme de forma inevitable. Fue todo muy fácil y cómodo. Y así habían pasado dos años.

Ahora tocaba presentar *La soledad del ser*. Llevaba casi un año escribiéndolo. Jan me había acompañado en el proceso creativo y las conversaciones con él me habían abierto a otros niveles de percepción y de entendimiento. Me encantaba hablar con él, aunque también es cierto que, a decir verdad, no éramos muy afines. O nada. Jan era una persona muy espiritual. En mi opinión, quizá incluso demasiado. Cuando se ponía a hablar yo me quedaba embobada, porque, además de que me parecía guapísimo, solía reflexionar sobre cosas que hasta entonces ni siquiera me había planteado. Muchas de ellas me permitieron conectar con una nueva forma de entender la vida, las pérdidas y el papel que desempeñamos cada uno de nosotros en este viaje tan intenso y veloz, pero, por otro lado, que me hablara con esa absoluta seguridad de la jerarquía de los ángeles o de según qué dimensión espiritual, me daba más miedo que otra cosa.

Jan, como ya he comentado, no estaría en la presentación del martes, aunque, en teoría, al día siguiente nos marchábamos los dos a París en el que iba a ser un viaje muy deseado por ambos. Bueno, o tal vez eso es lo que pensaba y en realidad era solo por mí. De hecho, lo había reservado, planificado y organizado todo yo.

Me senté delante del ordenador para intentar avanzar con la presentación. Es curioso cómo hasta ese día mi confianza a prueba de bombas y mi autoestima me habían ayudado a escribir *La soledad de ser,* esa oda a la vulnerabilidad, que ahora me visitaba por primera vez en mucho, mucho tiempo. Después de esa escena de despedida de Jan y de mi fatal intuición, me sentía intranquila y cada vez que intentaba escribir una frase mi atención se desviaba hacia la pantalla del móvil. Esperaba inconscientemente un *Buenas noches, cariño,* un *T'estimo,* un *Tengo muchas ganas del jueves.* Algo. En realidad no solo lo esperaba, sino que ansiaba alguna palabra de Jan, la que fuera, que desmintiera mis augurios. Estaba cada vez más ansiosa, como una adicta a la que ya le toca su dosis y no la recibe. Así que lo llamé yo. Eran las 23.23. Su móvil ya estaba apagado. Respiré hondo, cogí la pequeña libreta de ideas que siempre me acompañaba con un boli, me recosté en mi sofá orejero, como solía hacer en mis momentos de introspección, y me puse a escribir lo que me venía a la cabeza tratando de canalizar mi indignación.

Qué caprichosa la vida. Te da y luego te quita aparentemente a su antojo, aunque es cierto que, con el tiempo, te acabas dando cuenta de que en realidad está todo calculado, que cada uno vive aquello que necesita para crecer, aprender y hacerse más fuerte, más sabio y más consciente...

Sí, caprichosa la vida, que te seduce con personas y sueños que luego te quita. Y te quedas marchito, vacío, abstracto, te diluyes en ella, te deshaces para volver después a renacer, a llenarte de ilusiones y días pintados de luz, para darte cuenta de que algo mucho mejor está esperando por ti.

Aunque, cuando estás atravesando el infierno del abandono y de la incomprensión, cuando te encuentras descalzo pisando unas brasas que te dañan sin reparo, la necesidad de una luz que te muestre algo de piedad se hace imprescindible, igual que el abrazo suplicante de aquel que te hirió. Tu cerebro busca de forma incansable respuestas, necesita entender lo incomprensible, descubrir que solo se trata de un sueño malherido, de una pesadilla errante y por dentro vacía, que se va a disolver de un plumazo cuando logres despertar.

Y buscas así una luz, agarrarte a una estrella de esperanza, a un atisbo de futuro aún con vida, a un aliento que todavía no haya sido devorado, e inhalar los segundos que quieres creer que aún te quedan de ese pedazo de historia que no te atreves a soltar.

Caprichosa la vida, que te da y luego te quita, que te arranca despiadada aquello que creías que te pertenecía, eso que sentías tan tuyo y que abrazabas sin atención alguna y con la certeza más firme de que no te iba a abandonar.

Caprichosa la vida, que te da y luego te quita. Solo así aprendes por qué y para qué estás aquí. Y curas tus propias heridas, y te pones de nuevo en pie y vuelves a alzar la mirada y consigues por fin vislumbrar nuevos caminos... Y te rehaces, y te vuelves a sentir fuerte y vuelves a experimentar la alegría, y ahí, cuando construyes finalmente un nuevo templo, si ella así lo desea, aunque no te parezca justo, puede que te lo vuelva a quitar.

Aun así, la vida sigue siendo una aventura increíble que se supone que siempre vale la pena transitar. Aunque cuando estás ahí, no te lo parezca.

Dejé el cuaderno porque mis ojos estaban inundados de lágrimas. Apenas veía lo que escribía. Era una sensación muy extraña, como si estuviera enfadada con la propia vida. ¡La vida! ¡Pero si para mí la vida era algo maravilloso! En el fondo yo sabía que ella no era la culpable, que el culpable de mi malestar tenía nombre y apellidos, sin duda. O no. O tal vez Jan solo fuera un títere justamente de la vida y ella lo hubiera puesto en mi camino para que aprendiera cosas importantes y algún día las pudiera compartir. Quién sabe… La cuestión era que no entendía nada y que solo esperaba el momento de su regreso para que me explicara qué le había pasado. Seguro que se trataba de una película mental que yo misma me había creído. Seguro que al verlo con perspectiva todo se aclararía y volvería a la normalidad.

Mi cabeza la ocupaban dos pensamientos muy distintos que luchaban entre sí para imponerse el uno al otro. Por un lado estaba esa parte intuitiva que todos tenemos y que te permite ver con claridad lo que está sucediendo ante tus ojos, esa parte que te muestra *lo que hay,* sin más. Y, por otro lado, la parte que quiere tranquilizarte con la idea de que está todo bien y que las cosas siguen el curso deseado. Sin embargo, por desgracia para mí, ganaba el primero.

El último fin de semana que compartimos antes de que se fuera, Jan había estado especialmente callado, no muy relajado y apenas durmió (lo que indica que en su cabeza le daba vueltas a algo que le inquietaba), pero, como eso le pasaba de vez en cuando, no quise darle más importancia. Y es que, a pesar de que me repetía que todo estaba bien, que nuestro viaje a París sería el fin de ese pequeño altercado emocional, de que una vez allí nos reiríamos de esos días tan complejos y volveríamos a conectar el uno con el otro…, sabía que no estaba ciega ni era tonta, y conocía a Jan. Además, siempre he sabido leer con bastante precisión los comportamientos y reacciones humanas, y lo que veía ante mí me daba bastantes pistas de lo que estaba ocurriendo.

Me quedé dormida pensando que nada justificaba que se hubiera ido de ese modo tan raro y que ahora ni siquiera se pusiera en contacto conmigo.

DÍA 3 A. P.

Marco los días así, como ves arriba, porque cada día me parecía una eternidad desde que empezó esta historia. Y París era el punto de inflexión (a. P. = antes de París). Era como si el tiempo se hubiera desdoblado y lo que antes se sucedía de forma fluida y natural, lo hiciera a trompicones, como si cada día fuera un gran organismo enfermo intentando optimizar al máximo el oxígeno escaso y apenas pudiera moverse. Así sentía la atmósfera a mi alrededor desde que Jan desapareciera por la puerta de atrás.

Cuando me conecté a la reunión de Zoom, eran las nueve de la mañana. Mi cara debía de ser un poema, porque la expresión de Geri al verme fue de susto total.

—¡¿Qué te ha pasado?! —preguntó alarmado.

—¿Por? —Yo aún no era consciente de mi semblante.

—Ayer tenías cuarenta y tres años y hoy tienes sesenta y tres.

—No te pases, ¿no?

—Pero ¿tú te has visto? —insistió.

Geri es muy presumido. Le encanta cuidarse. Es exigente con todo y consigo mismo mucho más. Por eso me gusta tenerlo a mi lado, ya que yo me derramo fácil.

—No, en serio, ¡mañana no me vengas así, que no vendemos ni un libro!

—Por favor, qué exagerado...

Seguía mirándome atónito.

—¿Vas a contarme algo?

—La verdad es que no tengo ganas de hablar, Geri, ya te contaré. Hablemos mejor del libro, que mañana es el día D.

—No te habrá pasado nada con el guapo de Jan, ¿verdad? ¡Mira que si decides soltarlo, antes tienes que avisarme, que ya sabes que me lo pido para mí! ¡Aunque solo sea para ser su nueva musa y que me dispare con ese objetivo tan grande que siempre lleva encima! —Mientras hablaba iba llevando los brazos detrás de su cabeza e incorporándose en la silla como si fuera la maja desnuda y tuviera a Goya observándolo con su pincel.

Empezamos a reírnos los dos. Geri tenía ese don. Era capaz de arrancarte una carcajada incluso en medio de la llorera más descomunal. Con lo mal que me sentía, logró sacarme en un minuto de mi lamentable estado de victimismo y autoabandono.

Geri es fantástico. Sensible, empático y muy resolutivo. Ha tenido una vida muy difícil. Sufrió mucho, porque su padre jamás aceptó su homosexualidad, hasta el punto de insultarlo, despreciarlo en público y llevarlo a varios pseudoprofesionales para que le ayudaran a arreglar *ese defecto que tenía en el cerebro*. Siempre me ha parecido inaudito que hoy en día sigan existiendo personas así, tan cortas de miras. Pero lo más increíble es que, a pesar de todo lo que le ha tocado vivir (el desprecio de un padre no es algo fácil de gestionar y sin duda deja una huella de lo más profunda en nuestra personalidad), Geri ha conseguido convertirse en alguien muy positivo y divertido. Cuando su padre falleció, hizo un trabajo de perdón con un psicólogo fantástico al que él llama *su ángel personal*, y ha cambiado mucho. Le ayudó a cuestionárselo todo, a replanteárselo todo y a sacar de su interior su verdadera esencia. Desde entonces Geri empezó a ser él sin esconderse ni pretender gustarle a nadie más que a sí mismo.

Siempre me he sentido profundamente agradecida del día que Geri se plantó en mi presentación de *Los monstruos que habitan en ti* y, mientras le firmaba el libro, me soltó un *Que sepas que algún día trabajaré para ti*. Automáticamente dejé de firmar y, al mirarlo a los ojos, pude sentir al momento que era alguien sincero y honesto, de esas personas que desprenden bondad y te transmiten confianza al instante.

—¿Eres bueno con las redes sociales?

—Soy el mejor.

—Pues eres mi hombre.

Sin ninguna duda, contratarlo ha sido de las decisiones más acertadas que he tomado en mi vida, porque, más allá de ser un gran profesional que me ayuda lo que no está escrito, lo quiero y lo adoro profundamente.

El resto del día se sucedió esponjoso, irreal. Jan no me devolvió la llamada del día anterior. Tampoco me respondió al wasap de buenos días que le había enviado. Es curioso cómo, siendo tan consciente a nivel profundo de lo que estaba pasando, mi cabeza se empeñaba en negar lo innegable. Está claro que es un mecanismo de defensa para tratar de postergar el dolor el máximo tiempo posible, pero, aun sabiéndolo, cuesta aceptarlo. Jan había empezado a desprenderse de mí y ya era una hoja marchita en uno de esos árboles preciosos de la rue du Trésor, todavía en la rama, pero apenas sujeta por un breve tallo consumido.

Por la tarde, le pedí a mi madre que me acompañara a comprarme un traje en condiciones para la presentación del libro. Siempre acostumbro a ir a los actos con vaqueros, pero sentí el impulso de cambiar. También pasé por la peluquería y me lancé a cortarme el pelo a la altura del hombro. Sabía que pronto me arrepentiría, porque lo tengo rizado y cuesta horrores que vuelva a crecer, pero me dejé llevar. No me lo había cortado desde hacía seis años, también por una cuestión instintiva al sentirme estancada y sin salida en mi relación con Daniel. Cortarse el pelo es un impulso que normalmente asociamos a reconectar con nuestra fuerza interna, algo salvaje, algo animal que nos conduce directamente a pegar un salto y correr hacia delante.

Así pues, presentaría mi segundo libro, mi homenaje a la soledad, a la autoestima y al atrevimiento vestida con un traje negro muy elegante, mis botines preferidos con unos buenos tacones y mi melena reducida sin piedad.

Esa tarde me sentí afortunada de tener a mi madre acompañándome. Es curioso el efecto de algunas madres. Solo con su mera presencia parece que ya te calman, que tienen el poder de apaciguar, con solo mirarte, tu revuelta interior, tu guerra emocional no resuelta. Tienen la capacidad de ahuyentar con una caricia todos los fantasmas que osan reírse de ti. Aunque ella no supiera el infierno en el que me estaba adentrando, una madre siente y ve mucho más de lo que los hijos imaginamos. Sin saber nada, probablemente lo sabía todo. Todo lo que necesitaba saber.

Mi mamá siempre ha sido una mujer muy fuerte. Está hecha de bondad, generosidad y compasión a partes iguales. Se desvive por los demás. Dicen que esto les pasa a algunas personas que, tras nacer, de alguna manera sienten que no han llegado en un buen momento y que son recibidas más como un problema que como una bendición. Ella fue la última en venir al mundo y para sus padres tener dos hijas ya implicaba muchos gastos, como para tener que hacer frente a una tercera. Creció fuerte como un roble, luchadora como una leona e infinitamente amorosa. Por no hablar de su sentido del humor... Nadie me ha hecho reír nunca como lo hace ella. No tiene nada que ver con mi padre. De él he heredado su extrema sensibilidad y sus ganas de no conformarme y de querer crecer, aprender y hacerme más grande. También su parte más introspectiva, callada y reflexiva. Sin duda, aunque sean polos aparentemente opuestos, siempre han hecho un tándem muy curioso, especial y único. Los volvería a elegir una y mil veces.

Así pues, esa tarde agarré a mi mamá fuerte del brazo durante aquellas horas que compartimos y traté de olvidar a Jan. Sin éxito, claro.

DÍA 2 A. P.

Me despertó el ruido penetrante y repetitivo del camión de la basura. Era el camión que recoge los cristales, por lo que la ceremonia producía un verdadero escándalo de primer nivel. Pero ¿qué hora era? Miré el móvil y vi que eran ¡¡las seis y cuarto de la mañana!! ¿Qué coño hacía el camión a esa hora? ¿Qué pretendía? ¿Despertar a todo el barrio? Jx*´dkhjfgdislwh"l¨ Sentí como la rabia se iba apoderando de mi ser...

Tomé consciencia de que me había despertado en casa, cosa que agradecía profundamente. Digo esto porque en los dos meses anteriores había dormido más noches en hoteles que en mi propia cama. Había participado en un ciclo de conferencias sobre bienestar y salud mental por todo el país, algo que me ocurría cada vez con más frecuencia a raíz de la popularidad de mi libro anterior. Me encantaba eso de ser conferenciante, aunque debo confesar que también me agotaba a partes iguales. Cuando se acumulan muchos días en los que no puedo seguir con mi rutina de alimentación y ejercicio, no lo llevo demasiado bien.

Tuve que concentrarme un momento para ver qué día era y qué debía hacer según mi agenda. La locura de esas últimas semanas me pasaba factura. Entonces me acordé como si una flecha se clavara en mi pensamiento, de París. Qué bien lo íbamos a pasar en la ciudad más bella del mundo. Me dije: *A Jan ya se le habrá pasado todo, me dirá que se ha dado cuenta de que con quien quiere estar es conmigo y me pedirá mil disculpas por los días que me ha hecho pasar a causa de sus líos mentales...* Mi cerebro se negaba a aceptar que lo nuestro hubiera terminado, sencillamente no podía ser, esa no era una opción para mí. Rotundamente, no.

Volví a mirar el móvil. Ah, era cierto. Era el día D. Primero sonreí, pero luego, de inmediato, sentí una punzada muy fuerte en el corazón y recordé que mi única realidad en ese momento era que estaba sola, que Jan se había marchado, tal vez para siempre, por mucho que no lo quisiera aceptar. De pronto, mis ojos verdes se inundaron de lágrimas llenas de dolor, de desesperanza, de angustia... Como si un mecanismo interno se hubiera activado de golpe para vaciar, de un plumazo, todas las lágrimas almacenadas bajo mi piel... Sentí cómo, en cuestión de segundos, me desconectaba por completo de la rabia y mi cerebro ya no se esforzaba en negar la realidad. Me invadió una profunda y desoladora tristeza, cada vez más pesada. Veía cómo se iba apoderando de mí sin dejar vacío ni un rincón de mi desolada existencia...

Mientras, Jan seguía sin decir nada. Aunque al irse tratara de vendérmelo de otra forma, no volvería. No volvería. Y yo lo sabía, aunque a ratos una parte de mí quisiera negarse a aceptarlo. Todo lo vivido, todo lo compartido, todo lo hablado, todo lo soñado se había desvanecido lentamente y se iba quedando en nada. No tenía ni idea de cómo iba a enfocar mi vida, de qué iba a hacer de ahí en adelante. A nivel racional sabía perfectamente que no necesitaba a nadie, pero, ese escalofrío penetrante, ese vacío amenazante y ensordecedor de la pérdida y la soledad fundidas la una con la otra, no me abandonaba. Aunque no me gustara admitirlo, estaba sintiendo miedo, ese miedo que sabía que formaba parte del duelo y que, por más que lo intentara, no lograría esquivar.

Seguí llorando un rato más, cubierta por ese montón de pensamientos insoportables y, con la desesperanza más angustiante apretándome el pecho, me enrosqué en una esquina de la cama, me hice bola abrazándome fuerte a mí misma y me quedé dormida de nuevo. Solo tenía un objetivo: olvidarme de quién era, de mi vida, de Jan y de todos esos pensamientos que no quería ver ni escuchar.

Cuando sonó el despertador, a las ocho, ya llevaba unos minutos dando vueltas en la cama. Pensaba en la presentación, pensaba en Jan, pensaba en que en dos días estaría en París con él. En mi cabeza se repetían en bucle todos los diálogos que tendríamos allí. Yo le diría cómo me había sentido al verlo marcharse con aquella maleta tan grande, él me tranquilizaría diciendo que su silencio era debido al trabajo, que estaba en un momento especialmente delicado y estresante, yo le hablaría de lo bien que había ido la presentación y de lo contenta que estaba de que hubiera aparecido allí por sorpresa y él se mostraría orgulloso, me besaría, me abrazaría, me besaría, me besaría, me besaría.

De repente, como si la propia vida tratara de echarme un cable, mis ojos se quedaron congelados mirando un ejemplar de *Los monstruos que habitan en ti*. Lo tenía encima de un mueble del dormitorio. Me acordé de que, en una de las primeras presentaciones que hice, una señora mayor se acercó a mí y me dijo: «Hay tanta verdad en este libro, que creo que en realidad lo has escrito para ti... Tal vez te sorprendas en alguna ocasión aprendiendo de él». En ese momento no le hice ni caso, pero me hizo gracia su comentario. Ahora, sin embargo, me acordé de ella al sentir el impulso de ir a por él y ponerme a leer un fragmento concreto que intuía que me iría bien.

LA NEGACIÓN

¿A dónde nos lleva el autoengaño? ¿Por qué preferimos sucumbir a la estupidez de convencernos de algo totalmente falso, inventado y surrealista en vez de aceptar lo que hay y tratar de entenderlo para deshacernos de ello lo antes posible? ¿Acaso no vemos que, al negarlo, lo único que conseguimos es que el dolor de lo evidente nos siga arañando la piel durante un tiempo mucho más largo, angustioso e insoportable? ¿Por qué nos cuesta tanto asumir lo que pasó desde el adulto que somos, como seres racionales, y conscientes? ¿Por qué actuamos como niños consentidos e inmaduros, creyendo que podemos desafiar a la vida y a las decisiones que esta ya tomó de forma determinante y totalmente irrevocable? ¿Por qué somos tan estúpidos en algunas ocasiones?

La negación de aquello que ya es una realidad en nuestro presente, una realidad materializada y contrastada, es como un acto reflejo de autoprotección. Es absurda, está claro, pero la mantenemos para evitar sufrir. Como todo. Porque todo lo que hacemos es para evitar el sufrimiento o para obtener placer. Cuando algo es demasiado fuerte para nuestra mente, cuando supone un cambio demasiado abrupto, transgresor o radical en nuestra vida, de forma casi casi automática, nuestro cerebro lo niega. Sí. Lo niega y le explica al cuerpo que eso no está pasando, como si tratara de convencerlo de que no lo está percibiendo correctamente, mientras él sigue husmeando en nuestros recuerdos, a la búsqueda de vacías justificaciones y cuestionando sin piedad la percepción de los propios sentidos y la lucidez de nuestra capacidad intelectual.

La negación es un estado que pretende ayudarnos a sobrellevar ese revés inesperado e indeseado, a pesar de que la única realidad es que nos acomoda en una humillante agonía en la que nadie desearía hospedarse.

La negación es un estado que nos arrebata, de un suspiro, sin que podamos ni siquiera percibirlo, la coherencia, la madurez y el sentido común. No lo ves ni lo sientes, aunque está sucediendo sin reparo ante tus ojos. Como el carterista que se hace con tus pertenencias sin ser visto, como la Tierra que gira y, tras esconder la Luna, al cabo de unas horas nos permite ver de nuevo el Sol.

Tomé consciencia de que Mel me olisqueaba la cara mientras yo seguía leyendo, sin dar crédito a todo el sentido que esas palabras tenían para mí en ese momento, ignorando que el tiempo avanzaba y que, en menos de tres horas, Geri pasaría a recogerme. Dejé el libro, me levanté y encendí la cafetera. Yo sin mi café por la mañana no soy nadie. Encendí el móvil. Todavía esperaba un mensaje de Jan. Él sabía que estaba a punto de afrontar un día especialmente importante de mi vida y estaba segura de que lo recordaba. Llevábamos meses hablando de ello, de cómo sería, de qué contaría, de quién asistiría. Empezaron a entrar los mensajes: mi madre, mi hermana, Geri, algún amigo y varias amigas. Ni rastro de Jan.

Comprendí, de repente, lo que era sentirse sola de verdad. Creo que no lo había entendido plenamente hasta ese momento. De forma automática, agarré el móvil, abrí mi lista de música española y le di a la canción *Vuelve*. La había escuchado en bucle tantas veces… pero en ese momento todo era distinto y cobraba otro sentido. Empezó a sonar la voz de Andrés Suarez: *Vuelve, que te estoy confundiendo con las flores, que adornan los defectos de las casas, donde aún hablo de ti. Vuelve, y vuélvete a reír mientras bailamos, y riégame el jardín que ya no llueve… Ahora que vivo solo, me crecen los enanos, me dan miedo las noches, te quiero pero es raro, te conozco de siempre y llegaste hace un rato…* Noté una fuerte opresión en la garganta, como un nudo que se va haciendo cada vez más grande hasta que ya no lo puedes contener y te sueltas, rendida. Y empecé a llorar. Más y más. Lloraba desconsoladamente como si me acabaran de dar la peor noticia del mundo. Lloraba como si no hubiera un mañana con todo el dolor posible acumulado en un solo corazón. No sabía de dónde salían todas esas lágrimas. No de mi cabeza, desde luego, que seguía sin entender nada. Brotaban directas desde mi centro sin que yo pudiera interferir ni controlarlas. Salían de un corazón estrujado que colgaba de un hilo. Tras varios minutos así, paré la música y conseguí calmarme un poco y empezar a enfocarme en lo importante, que era la presentación de mi libro. Decidí de manera consciente postergar mi llanto para el atardecer. Porque, sí, eso se puede hacer.

Me duché, me maquillé para intentar mejorar mi aspecto y repasé mi *speech* inicial varias veces. Me enfundé en mi traje nuevo, me puse mis botines y sonreí. Dicen que si fuerzas la sonrisa, aunque no te sientas bien, acabas lográndolo. No pensaba permitir que el inmaduro de mi…, de Jan, arruinara un día tan importante como ese.

Bajé del taxi con Geri y ya había bastantes personas haciendo cola en la librería. Al verme, algunas me sonreían o me saludaban como si me conocieran íntimamente. Es curioso cómo hay gente que puede sentir que te conoce de esa forma. A menudo me siento en deuda con ellos, siento un profundo agradecimiento hacia todos los que resuenan con cada palabra que digo o escribo. En cierta manera me sostienen. Aunque *La soledad del ser* no era mi primer libro, llevaba años nutriendo mis redes sociales con contenido psicológico y filosófico enfocado en la autoestima y las ficciones (o no) del amor romántico, y tenía una comunidad cada vez más grande de fieles e increíbles seguidores que asistían a todos mis eventos y escuchaban con atención mis entrevistas. Nunca he entendido muy bien cuál ha sido mi manera de llegar a tanta gente, pero ha sucedido y sigue sucediendo, y probablemente sea ese el propósito de mi vida, porque algo que empezó como una afición se ha convertido en mi trabajo, en mi pasión y en la carretera por la que se desplaza azarosamente mi vida. A decir verdad, cada día que se me acerca alguien para decirme que ha leído mi primer libro y que de alguna forma le ha salvado, que le ha ayudado a tomar alguna decisión importante, a cortar una relación que era tóxica o a hacer un cambio vital en sus días, a superar una experiencia muy dura, a quererse más..., ufff, no puedo ni expresar lo que siento. Ellos me dan las gracias, pero, en realidad, siento que soy yo la que estoy en deuda con todos por el regalo que me hacen a mí. Y en ese momento, al salir del taxi, su amor me llegaba tanto y era tan profundo, que fue incluso terapéutico y sanador.

Entré en la librería. La sala de actos estaba al fondo. Atravesar aquel espacio rodeada de libros me hizo sentir en casa. Los libros tienen para mí la capacidad de crear la sensación de hogar, su mera presencia me tranquiliza, así que era perfecto enfrentarme allí a esa nueva presentación pública en un momento tan delicado de mi vida. Geri y yo nos fuimos a una sala con la editora y con otro representante de la editorial mientras esperábamos a que la gente llegara y ocupara sus sitios.

A las doce en punto entré en la sala de actos. Había algunas cámaras y un murmullo blando. Lo primero que vi fue a mis padres y mi hermana en la primera fila. Casi me pongo a llorar. Eché una ojeada rápida y atiné a ver, entre el público, a varios amigos y conocidos. El sitio estaba repleto y mucha gente se había quedado de pie. Éxito de asistencia. Inexistencia de Jan. Ni siquiera me había escrito. A pesar de estar rodeada de tantas personas que deseaban verme, yo sentía una soledad aplastante que debía defender delante de todos. Escuchaba a mi editora explicando algo de mí y del éxito de mi anterior libro, pero era como una voz de fondo a la que apenas lograba prestar atención. De repente pronunció mi nombre y la gente empezó a aplaudir.

Subí a la tarima, la madera crujía, mis botas me sostenían, las miradas expectantes de los presentes también. Me imaginaba alzada por todos ellos, como las estrellas de rock cuando se lanzan al público o los jugadores de fútbol cuando ganan algún campeonato y no les queda otra que confiar en que no se partirán el cuello si alguno de los que sostienen decide dejar de aguantar. Me planté delante del micrófono, miré en silencio a mis padres, a mi hermana Lau, a Geri, y agradecí, agradecí, agradecí. Hablé del proceso de creación del libro, de la importancia de sentirse y mostrarse vulnerable, del potencial de crecimiento que ofrece la soledad, que es infinito, porque la vida puede ir desdoblándose en un montón de capas distintas cada vez, pero aprender a estar y llevarse bien con uno mismo es el absoluto e indiscutible secreto para salir fortalecido de cada una de esas dobleces.

Antes de pasar al turno de preguntas dije que quería añadir algo más. Me quité la máscara, me relajé, se me humedecieron los ojos, tragué saliva y empecé a hablar de nuevo:

¿Sabéis? Es curioso que hoy esté presentando La soledad del ser, *porque os voy a confesar algo: me siento tremendamente sola. Hoy, ayer y anteayer, como hacía muchísimo tiempo que no me sentía. Y supongo que así seguiré mañana, pasado y... no sé. He intentado apartar esa sensación para centrarme en lo importante, que es estar aquí con todos vosotros en este momento que llevo tanto tiempo esperando. ¡Os estoy tan agradecida! Y creo que en realidad es justo que la soledad esté aquí hoy tan presente, porque es la protagonista de este acto. Estoy segura de que no soy la única que se siente así. No quiero que penséis que no está siendo una experiencia plena por confesar que me siento vulnerable; de hecho es tan plena que puedo estar delante de todos vosotros y sentirme arropada y segura para confesar una emoción tan íntima.*

Me encuentro atravesando una experiencia vital compleja y, aunque sé perfectamente que estoy preparada para hacerle frente, no deja de ser dura. Además, se trata de una experiencia que me obliga a enfrentarme a todo aquello que más he temido y a poner a prueba todo lo que he intentado aportaros en este libro. Pero aquí estoy, ante vosotros, desnudando mi alma y dejándome abrazar por vuestro cariño. Lo siento de verdad. Gracias. Y, por ello, porque a pesar del miedo me siento extrañamente segura, le he abierto la puerta a la soledad, le he dicho que pase y que se siente. Bueno, como no hay sillas se ha quedado por ahí de pie en algún rincón. ¿Podéis sentirla? Yo sí. Para mí, durante mucho tiempo ella ha sido un lugar sin nombre, un vacío aparentemente imposible de llenar. Pero he aprendido a mirarla de frente para lograr entenderla y aprender a amarla. Y se trata de un aprendizaje tan necesario y tan importante que he escrito este libro como una forma de invitaros a que hagáis lo mismo.

Aplausos. Más aplausos. Abrazos. Firmas. Más abrazos. Silencio. Soledad.

A las tres de la tarde recibo un mensaje de Jan, parco, conciso, gris: «Espero que haya ido bien la presentación. Un beso».

El que debía ser el día más feliz de mi vida se había convertido en el inicio de un periplo insoportable en el que me arrastraba como podía. Entender no entendía, pero los hechos y la intuición me lo estaban dejando todo cada vez más claro. Pasaron las horas lentamente, rodeada de personas que me felicitaban, me elogiaban y me sonreían, que compartían conmigo sus emociones y vivencias. Pero yo no estaba del todo presente y solo esperaba que llegara el final para poder irme a casa y refugiarme en mi cama. Mi hermana y Carla, una de mis mejores amigas, intentaron averiguar lo que me pasaba.

—¿Qué pasa, Río? ¿Estás bien? ¿Por qué has dicho todo eso? —me interrogaba mi hermana.

—Ey, sabes que puedes contarnos lo que sea —añadió Carla.

Estábamos sentadas en unos taburetes altos frente a una barra estrecha que daba a la calle.

—Jan me va a dejar —respondí.

—¿Cómo? —contestó mi hermana.

—Que Jan me va a dejar.

—¿Cómo que te va a dejar? ¿Te ha avisado de que te va a dejar o te ha dejado ya? —siguió.

—¿No os vais a París el jueves? —dijo Carla.

Me quedé en silencio mirando al frente, inexpresiva. Mi hermana me puso las manos en los hombros y me miró fijamente a los ojos:

—¿Qué ha sucedido, Río? Si nos lo cuentas, a lo mejor podemos intentar ayudarte. Hoy es tu día, hermanita, no podemos permitir que nadie lo arruine. ¡Y nadie es nadie!

—Ya lo ha arruinado, no lo puedo evitar. El domingo estaba rarísimo. Se marchó con una maleta gigante y se llevó un montón de cosas. Me dijo que no le pasaba nada, pero yo sé que sí le pasaba algo. Estaba frío como nunca —expliqué.

—¿Y te dijo algo más? —preguntó Carla.

—Hasta el jueves. Me dijo *hasta el jueves,* pero también era mentira.

—¿Por qué lo tienes tan claro? —insistió mi hermana.

—No es que lo tenga claro, es que lo sé. Y no sé por qué lo sé, pero lo sé, con esa certeza inexplicable con la que a veces se saben las cosas.

Llegué a casa pasadas las once de la noche después de un día muy largo. La presentación había sido un éxito a pesar de todo. Es curioso cómo, a veces, la vulnerabilidad actúa en tu favor y te ayuda a fluir con lo que venga, por difícil que sea, porque tú estás blanda y te adaptas a las cosas como vienen, tengan la forma que tengan. Te acoplas y casi siempre funciona. No hay resistencia, por lo tanto el sufrimiento fluye y disminuye. Me sonó una notificación del correo electrónico. Era un mail de Jan. Automáticamente me puse a temblar y mis ojos se humedecieron. Tragué saliva, me senté en el sofá y dejé el móvil sobre la mesilla, delante de mí. Así estuve, sentada, respirando sin tocar el teléfono durante treinta o cuarenta minutos. Mel se había sentado en mi regazo, pegando su cabeza negra y llena de pelo a mi muslo. Ronroneaba. Encendí una velita blanca. Me gusta la luz del fuego cuando es de noche. Cuando reuní valor y algo de calma, desbloqueé el teléfono y abrí el mail, que llevaba por asunto «Hola», aunque hubiera sido más adecuado titularlo «Adiós». Lo pensé y me hizo bastante gracia, qué tontería.

No era especialmente largo, pero sí denso como un ladrillo, como un objeto durísimo y de poco valor que no sirve de nada por sí mismo. Jan me decía que no estaba bien, que necesitaba recuperarse de todo el desgaste que había sufrido en la relación, que se había perdido a sí mismo por tratar de adaptarse a mí, por tratar de que fuéramos felices. Decía que había estado tan pendiente de alimentar la relación que se había olvidado de sus propias necesidades y que, de algún modo, eso lo había destruido. Que debía alejarse para poder recuperarse. Que sentía enormemente no haber sido capaz de transmitírmelo ni de pedir lo que necesitaba. Que iría el siguiente fin de semana a recoger todas sus cosas con un par de amigos, aprovechando que yo estaría en París, y que, si finalmente decidiera no ir, intentara, por favor, no estar en *mi* casa.

Era la primera noticia que tenía de que se sintiera así. Nunca me había comentado nada al respecto, y eso que hablábamos mucho. El caso es que, por lo que parecía, Jan ni siquiera podía, o, peor, ni siquiera quería verme. Había desaparecido por la puerta de atrás, sin dar la cara, dos días antes de un viaje conjunto que supuestamente nos ilusionaba. Me eché a reír. Me reí a carcajada limpia yo sola durante un par de minutos. No podía creérmelo. Habría podido imaginar decenas de escenarios distintos para un final con Jan, pero este, desde luego que no, así no. Una vez extinguido el ataque de risa, le escribí a mi hermana: «Jan me ha dejado. Acerté. Bona nit». Y apagué el móvil. Repté hasta la cama, me quité la ropa como pude y me metí bajo el edredón. Sin pasar por el baño, sin desmaquillarme, sin beber agua. Solo quería desaparecer y una nebulosa de color crudo invadió toda la habitación. Era la tristeza…, una tristeza saturada que, de forma mecánica y como por impulso, me llevó a coger de nuevo mi propio libro, que esa misma mañana había dejado en la mesita, y buscar un capítulo muy concreto.

LA TRISTEZA

Dicen que la tristeza es una emoción necesaria, que nos ayuda a curar los arañazos de la vida, a recomponernos, siempre que conectemos con un amor verdaderamente compasivo y respetuoso hacia nosotros mismos y que aparece, sin excepción, por y para nuestro bien.

Aun así, a pesar de todos los discursos, tu cabeza no soporta esa emoción. A veces, cuando la sientes solo tienes ganas de llorar. ¿Por qué pesa tanto el vacío que produce? ¿Por qué duelen tanto ciertas ausencias? Hay ocasiones en las que sientes que ha quedado un espacio hueco dentro de ti, sin contenido, como una casa desolada de la que se han llevado todos los muebles y en la que solo percibes paredes blancas, frías, desiertas e inertes… ¿Por qué hay personas que tienen tanto poder sobre ti? ¿Por qué no puedes, simplemente, soltar y seguir adelante sin más?

Suficiente. Cerré el libro. Cada vez tenía más claro que esa señora que había aparecido como un fantasma en mi presentación tenía razón. Esas palabras estaban escritas para mí. Pensé que tal vez tenía esos sentimientos de tristeza tan profundos porque Jan ni siquiera me había dado la oportunidad de hablar de lo que ocurría. Tal vez fuera porque se había ido sin dar ni una explicación. Tal vez por la decepción, por el sentimiento de traición o por la humillación que me producía su repentina y disfrazada desaparición.

Empecé a sentir cada vez con más profundidad toda esa tristeza que describían mis propias palabras en aquel libro escrito años antes. Mucha tristeza... Lo único que sentía en ese instante era esa pena tan honda, desgarradora e infinitamente profunda dentro de mí. Y exploté. Empecé a llorar y no podía parar. Lloraba desconsoladamente como si no hubiera un mañana, como si con cada estremecedor quejido que salía de mi garganta, me acercara un poco más a esa cáscara que me encarcelaba y tanto necesitaba romper, esa cáscara en la que me sentía atrapada, oprimida y medio asfixiada; la que no me dejaba abrirle la puerta al dolor para que desalojara de una vez mi desdichado corazón.

ANÁLISIS DEL PROCESO (I)

Tal vez alguien podría pensar que Río es una mujer poco equilibrada a nivel emocional o que se desestabiliza fácilmente.
Pero no es así, sino justo al contrario. Lo que ocurre es que
está viviendo un proceso de duelo porque la relación de pareja en la que creía estar construyendo algo de valor, de repente, se ha roto. Ante sus ojos atónitos ve cómo esa persona
se ha ido, o, mejor dicho, ha huido sin darle ninguna explicación. Si entendemos que el hecho de que tu pareja te deje ya
es duro de por sí, si encima lo hace a medias, a escondidas o
generando un doble mensaje que solo crea confusión, la aceptación de esa realidad se hace aún más compleja y dolorosa.
En este tipo de rupturas en las que tú no quieres que la relación
termine, pero todo te demuestra que eso es lo que acaba de
suceder, es normal que se generen estas montañas rusas
emocionales tan poco agradables.

Tal y como le ocurre a Río, pasamos de unas emociones a
otras sin más y nos quedamos atrapados en cada una de ellas
como si nuestra vida dependiera de la capacidad que tengamos
para transitarlas. Podremos negar lo evidente, rechazar la verdad que nos están contando nuestros ojos, taparnos los oídos
para no tener que arrodillarnos vencidos ante la cruda realidad,

sentir la furia más profunda, la rabia más animal. Incluso en algunos casos podríamos llegar a actuar de forma despiadada y perder la cordura (insultar, romper cosas, gritar sin control...) o caer en picado y sin remedio en las brasas de la tristeza más honda y asfixiante.

En cualquier caso, lo importante es lo siguiente: si sentimos que vamos de un extremo emocional al otro, debemos asumir que es completamente normal y, de hecho, tenemos que permitirnos sentirlo. Forma parte de nuestro proceso y las emociones están ahí para algo, para ayudarnos a avanzar hasta la aceptación, que es donde reside la sanación completa y la auténtica libertad. Cuando la ruptura se manifiesta y la otra persona te dice o te demuestra que te va a dejar, empieza el verdadero proceso de duelo, un camino que se extenderá en el tiempo hasta que logres llegar a esa aceptación tan necesaria de tu nueva realidad.

Quiero destacar también la enorme fuerza interior que poseemos los seres humanos. Río todavía no se da cuenta en este momento, pero ella tiene unas obligaciones y unos compromisos profesionales que no puede eludir y nos demuestra su capacidad para dejar todo ese sufrimiento a un lado y centrarse en lo que tiene que llevar a cabo. Es como si decidiera, casi por instinto, aplazar el llanto y el dolor para después, cuando vuelva a estar sola de nuevo y se lo pueda permitir. Porque sí, tal y como ella misma nos cuenta, los seres humanos tenemos la capacidad de hacer algo tan asombroso como esto. Somos así de increíbles y sorprendentemente resilientes.

DÍA 0 – JUEVES

Me he saltado un día en este relato-diario de desamor, lo sé, el último día antes del viaje a París o Día 1 a. P., pero es que hay días que no deberían existir, por la carga que llevan, porque se vuelven pegajosos como una peladilla rancia y eso no hay quien lo digiera. Y ese fue uno de ellos.

Me encontraba ya en el avión, sobrevolando algún lugar de Francia, camino de París, una ciudad que siempre había querido conocer y en la que aterrizaría rota de dolor y sola; profunda e intensamente sola. Si al final decidí ir, fue por mi hermana, que se empeñó en que no malgastara los vuelos y el alojamiento y no paró de venderme las ventajas de viajar sola hasta que atravesé la puerta de embarque. Insistía en que con que uno de los dos se comportara como un imbécil era suficiente. Le habría encantado acompañarme y, aunque lo intentó, fue imposible que le dieran una semana de vacaciones en su empresa sin previo aviso y con tan poca antelación. Eso sí, se encargó personalmente de llevarme al aeropuerto para asegurarse de que cogiera el avión. Yo convencida no estaba, pero como tampoco tenía fuerzas ni energía para nada, preferí no abandonarme ni dedicarme a llorar encerrada en casa durante diez días, que era lo que más me apetecía hacer, dicho sea de paso.

Mi hermana pequeña, Lau, es una mujer indómita, un cohete. Nació catorce meses después de mí y somos muy parecidas físicamente, de pequeñas incluso bromeábamos con que éramos gemelas. Siempre hemos estado muy unidas. La siento realmente parte de mí. Pero, aunque nos parezcamos en la parte física, a nivel de carácter somos muy distintas. En el buen sentido. Nos equilibramos. Ella es mucho más racional y serena, y yo me dejo llevar siempre por mis impulsos y sentimientos. Ella controla mucho mejor sus emociones mientras que yo lloro hasta con un anuncio de detergente. De hecho, cuando viví mi ruptura con Daniel, si no llega a ser por ella, no sé cómo habría superado toda la ansiedad y el sentimiento de culpa que acarreé. Su apoyo incondicional fue determinante para mí y, poco a poco, con la seguridad que ella me daba, me fui recuperando. Y de nuevo, gracias a ella y su increíble capacidad para poner las cosas en su sitio sin perder más tiempo del necesario, me encontraba en un avión rumbo a París. Sola.

Planeé y reservé ese viaje para hacerlo con Jan. Él había estado en París varias veces por trabajo y, aunque hubiera sido bonito que colaborara en la planificación, es cierto que nunca mostró demasiada ilusión. Ya la mostraba yo por los dos. ¿Debí haber percibido esa falta de ganas como una señal del principio del fin? ¿Como una falta de amor? El caso es que no era la primera pareja que se desmarca de este tipo de cosas, así que me pareció normal y me convencí de que estaba tan ilusionado como yo. O eso quería creer. Ahora, pensándolo un poco, creo que cuando te acostumbras a recibir migajas, das por hecho que es lo habitual, y luego, cuando otra persona iguala o supera esos mínimos, te parece algo extraordinario. Y quizá eso es lo que pasó. Cuando le explicaba lo maravilloso que era Jan a un amigo mío —cosas tipo: hablamos un montón, es muy cariñoso, me escucha…—, me decía: «Río, eso es *lo normal*». Y yo lo mandaba callar y seguía pensando que estaba saliendo con el hombre más maravilloso de todo el planeta. El mismo que me había dejado por correo electrónico a dos días de nuestro esperado viaje. Así somos la mayoría de los seres humanos, unos expertos absolutos en el arte del autoengaño. Las relaciones sexo-afectivas o románticas o como queramos llamarlas, abren los canales de la imaginación y la idealización como ninguna otra cosa, ¿verdad? La falta de claridad suele apoderarse de todo y uno deja de ver que el blanco es blanco y el negro es negro y se autoconvence de que, según cómo lo mires, el blanco puede perfectamente oscurecerse y de que existe el negro blanquecino. Y de esa burra no te bajas, te digan lo que te digan los que más te quieren.

Evidentemente, sentir como algo normal que mi pareja no tenga ilusión por planificar un viaje conmigo no es lo óptimo, de hecho es pésimo, una *red flag* como un castillo que, junto con alguna otra, había ido minando mi autoestima sin apenas darme cuenta. Todo por aceptar como normales comportamientos que no lo son, Río, no lo son. Métetelo en la cabeza. Bueno, qué te voy a contar, para muestra un botón. Solo había que ver dónde, cómo y con quién estaba yo... Decidí sacar de nuevo mi ejemplar de *Los monstruos que habitan en ti*. Lo había metido en mi mochila por si lo necesitaba. Quién me iba a decir que mi propio libro se convertiría en mi kit de emergencia emocional. Aunque me costara admitirlo, empezaba a entender el porqué de su éxito. Lo abrí.

EL AMOR ROMÁNTICO

El amor romántico nos aleja irremediablemente de la idea de que la relación puede acabar. De que puede que no funcione, de que puede que allí una de las dos partes no sea feliz, que no te amen o que tengas que irte, ya sea por supervivencia o por mera necesidad. Cuando te venden el amor románti-

co *(más que vendértelo es como si te lo metieran con jeringuilla directamente en el ADN), te lo inyectan para que lo veas como algo sano, atractivo, deseable y que siempre aporta bienestar, crecimiento y felicidad. Sin excepción. Pero, claro, nadie nos dice qué hacer cuando nuestra realidad no encaja exactamente con esa propuesta tan apetecible. No sabemos qué hacer cuando nos enfrentamos a momentos que nos descolocan, nos dañan o nos vuelven pequeños, grises y cada vez más alejados de nuestra esencia y nuestra verdad. Y, al no saber qué hacer, nos aferramos a la única información que conocemos, la del amor romántico que todo lo puede y todo lo vale, y aceptamos «luchar» por él, repitiéndonos convencidos que valdrá la pena, que hay que esforzarse, que no hay nada fácil, que debes tener paciencia, ser más comprensiva, empática, atenta y servicial. Aunque no lo sean contigo de vuelta.*

Y esto nunca funciona. Esto es algo que siempre acaba mal, ya sea porque una de las partes se resigna y decide morir en vida, quedarse ahí a pesar de que no tenga nada que ver con su idea de felicidad o porque el supuesto amor se rompe de forma despiadada, dejándote con el corazón abierto y un montón de heridas por curar.

El amor romántico siempre hace daño. Deberíamos hablar, simplemente de amor. El amor, sin más. Porque el amor no necesita adjetivos ni calificativos. El amor es amor, ni bueno ni malo, ni sano ni tóxico, ni herido ni nada. Es amor. Y ya. El amor es un sentimiento que siempre hace bien cuando está presente, nunca lo contrario. Lo que hay que tener muy en cuenta es que viene y va. A veces se construye, se alimenta y permanece, y otras se destruye y desaparece. Y cuando desaparece, no acostumbra a volver. Y eso es algo que deberíamos entender. De esta forma comprenderíamos que no tiene sentido perseguirlo mientras se aleja, ni suplicarle, ni arrastrarnos, ni hacer locuras para volver a seducirlo perdiendo así nuestra preciada dignidad.

El amor es algo maravilloso, esencial y necesario. El amor maduro, coherente y racional. El amor romántico, en cambio, es una estupidez creada para necios, para borregos condenados irremediablemente al sufrimiento tras percatarse de la imposibilidad de satisfacer sus inalcanzables expectativas.

El amor romántico te indica que debes esperar a que te traigan flores. El amor te enseña que las flores, si las quieres, te las puedes ir a comprar tú. El amor romántico te indica que la otra persona debería saber lo que quieres o necesitas. El amor, en cambio, tiene claro que si no se lo dices, pides o comunicas, el otro no lo tiene por qué adivinar. El amor romántico te hace creer que la otra parte puede cambiar, que dejará de ser como ha sido siempre, que habrá un milagro repentino —solo porque esa persona te promete, jura y asegura que esos cambios llegarán— y se convertirá en quien deseas tú. El amor, en cambio, tiene la madurez y la sensatez suficientes como para aceptar lo que hay y también lo que falta, pudiendo decidir así, desde esa absoluta claridad, si eso es o no lo que se desea.

Leía en ese avión mientras conectaba con un tímido deseo de llegar a París, una ciudad que siempre ha tenido para mí un aura de bella nostalgia. No sé muy bien por qué. Supongo que todas las lecturas sobre ella, las películas que la retratan y mi fascinación por el arte y los artistas me han llevado irremediablemente a amarla sin conocerla. Hay algo en el inconsciente colectivo que nos empuja a adorarla. Además creo que, como tantos, en el fondo soy una romántica empedernida.

Sentí que me sabía mal que ese fuera nuestro primer encuentro, porque conocer a alguien o algo en el lamentable estado emocional en el que me hallaba era una pésima idea. Y asociar la ciudad de mis sueños a este puñetazo que me acababa de dar la vida no sé si era un buen principio.

Creo que, si existen otras vidas, debí de vivir en el París de los años veinte o en una época anterior, a finales del siglo XIX. ¿Te imaginas lo que debía de ser entrar en un bar a tomar una absenta y encontrarte a Baudelaire, Rimbaud o Verlaine? ¿O ver las primeras películas de Alice Guy y Méliès, o sea, las primeras películas de la historia? ¿O pagar una miseria en un pequeño teatro de Belleville para ir a un conciertillo de una tal Edith Piaf? ¿Te imaginas cruzarte en la noche parisina con Picasso o Modigliani? ¿Con Sartre y Beauvoir? Pensar que iba a pasear por las calles y callejuelas de la ciudad que han habitado y recorrido todos ellos era la única cosa que me sacaba mínimamente de mi lastimoso letargo. No sé cuántas veces he visto *Midnight in Paris*. Ojalá poder subirme a un taxi y viajar atrás en el tiempo como el protagonista de la película, que se encuentra hasta con Toulouse-Lautrec. Me gusta esta película porque demuestra que mi sueño no es solo mío, y tampoco es solo de Woody Allen. Él, como todos los artistas de verdad, canaliza el deseo global y nos ofrece obras para saciarlo. Me dije que tal vez la vería de nuevo esa noche, como autorregalo de bienvenida.

Como aún quedaba más de media hora de vuelo, decidí ponerme los cascos para dejar de pensar. Busqué mi lista de música en el móvil y le di al play. Tras unos primeros acordes de guitarra, empezó a sonar la voz de Elena Farga con su *A medias...* Me estremecí con esas palabras que parecían haber sido escritas para mí, para ese momento...

Me enseñaste el baile y la derrota
La electricidad en las historias
Humo en tu verdad
Reina de Instagram

Cerré los ojos fuerte, casi como si quisiera desaparecer. Sentía el rumor de todas las personas que tenía a mi alrededor, como si procediera de otra dimensión espaciotemporal. ¿No se daban cuenta de que yo estaba mal? ¿No se daban cuenta de que mi mundo se había detenido? ¿De que en mi vida todo se derrumbaba?

Todas las versiones se cantaron
Todos nuestros planes congelados
Labios de cristal, ojo de huracán
Si ya te di todo y todo no bastó
Empiezo de cero, sin una dirección

Es posible que ya estuviera todo hecho, que ya estuviera todo dicho y que no quedara nada más por descubrir de aquella historia. ¿Sería cierto? ¿Era ese el objetivo de mi viaje a París? ¿Ayudarme a empezar de cero?

Ya no hay hogar en Madrid
No habrá trinchera en París

Al llegar a ese punto de la letra exploté a llorar desconsoladamente. Suerte que mi asiento estaba en la ventana. Me recosté en ella sintiendo todo el dolor del mundo acumulado en mi pecho, traté de taparme la cara con el pelo como pude, aunque imagino que a pesar de mis prometedoras estrategias aún llamaba más la atención. Al final, poco a poco, entre el ruido del motor y el cielo azul ante mis ojos, logré calmarme y creo que incluso me dormí.

Cuando el avión aterrizó en el aeropuerto Charles de Gaulle, me quedé casi media hora sentada. No tenía ganas de lidiar con el ansia de los viajeros por bajar cuanto antes. Total, no tenía prisa, nadie me esperaba. Por primera vez en mi vida iba a bajar del avión sola, en una ciudad desconocida, sin tener a nadie a quien recurrir más que a mí misma. Qué raro todo. *Jan, te odio,* pensé.

Con el primer paso que di al bajar del avión me torcí el tobillo. Fui la última pasajera en salir, la última a la que las azafatas regalaron sus bellas palabras de plástico. Y fue como traspasar un umbral. Pensé: *¡¿Qué mierda hago aquí?! Lau, ya te vale…* Pero ya estaba allí, no podía retroceder. Lo único que podía hacer era seguir maldiciendo un rato al mundo entero y centrar mi atención en odiar a Jan hasta que tuviera que concentrarme en llegar a mi alojamiento. Así que, después de ese primer paso trastabillado, di un segundo y luego otro, y otro, y así sucesivamente, de forma mecánica, detrás de la gente, leyendo e interpretando carteles en francés, en inglés…, hasta que llegué a la cinta de recogida de equipajes, donde mi maleta daba vueltas junto a otras cuatro o cinco descarriadas. Me dio la misma pena que sentía por mí misma. Ahí, sola, desamparada, esperando a alguien que nunca llega. Al menos yo llegué a recogerla, coja y malhumorada, pero llegué.

En París estaba lloviendo. No llovía a mares, era más bien una llovizna molesta de esa que solo sirve para humedecerte la ropa y estropearte el pelo. Por suerte llevaba mi inseparable gorro negro de lana que me compré en Venecia a precio de oro y que me hacía parecer un monje benedictino encapuchado. Pero, bueno, a mí me gustaba, era muy calentito y llevaba años conmigo, lo que me hacía sentir que me protegía de las inclemencias del tiempo y un poco también de las miradas ajenas.

Ya sabía que París era enorme, me habían avisado y lo había intuido al planificar el viaje. Barcelona resultó ser una ciudad en miniatura comparada con la capital francesa, que se extendía a lo largo y a lo ancho en el norte del país. Una red de araña preciosa, eléctrica, salpicada de pequeños rincones repletos de historias y significados. Yo estaba a punto de añadirle los míos y, para empezar, lo primero que hice fue coger un autobús que me acercara a alguna parada de metro. Mi apartamento estaba en la rue Rambuteau, muy cerca del Museo Pompidou. El autobús me dejó cerca de una parada de metro que me tenía que acercar a Le Marais, el que iba a ser mi barrio durante los siguientes días. Eran las seis y media de la tarde y ya estaba oscuro. Medio coja y lloviendo, deambulé perdida y cargada con mi ruidosa maleta. Nunca hubiera imaginado que mi primer contacto con la ciudad de mis sueños sería así. Cogí el metro hasta Les Halles. Y esta es una frase muy corta: «Cogí el metro hasta Les Halles». Seis palabritas que resumen una de las experiencias más estresantes de mi vida. La parada de metro era tan grande como el aeropuerto de Barcelona, no exagero. Hasta que encontré mi dirección pasaron fácilmente veinte minutos. Encontrar Les Halles en la línea que tenía que coger me llevó otro rato. Empezaba a identificarme con los turistas que deambulan por Barcelona con la mirada perdida y la sonrisa de *no sé lo que hago ni dónde estoy,* solo que yo no sonreía lo más mínimo y no me estaba haciendo ni puñetera gracia que todo me costara tanto. Me sentía bastante imbécil. Entonces llegó el momento de sacar el billete y, por supuesto, solo había máquinas. Encontrar seres humanos que te atiendan hoy para realizar cualquier tarea cotidiana es un milagro, en Barcelona, en París y en Tombuctú. Así que, después de pasar otro buen rato dirimiendo con la máquina me compré un billete. Pasarlo por el torno fue otro pequeño obstáculo. Me entraron ganas de llorar, pero aguanté. Llorar en París porque no sabes pasar el billete por el torno del metro es un poco extremo. De manera que, cuestión de supervivencia: observé cómo lo hacían los demás y los imité. Encaré entonces un largo pasillo repleto de húmedos autómatas que iban y venían sin reparar en mí. Parecía un videoclip o un videojuego, pero yo no era la protagonista; no había protagonista.

Ante la indiferencia general de todos los seres que me rodeaban, de repente noté unos ojos. A unos cinco metros por delante de mí, un músico callejero con una guitarra me miraba fijamente. Me observaba tan atento que incluso ladeaba la cabeza para verme cuando alguien le pasaba por delante. Me giré hacia los lados y hacia atrás para ver si estaba reparando en otra persona, pero no. Si sus ojos hubieran emitido rayos X, habrían ido en línea rectísima directos a los míos. ¿En serio? No me podía creer que hubiera ligado en aquel lamentable estado. Seguí caminando hacia adelante y, al pasar frente a él, siguió mirándome muy serio mientras tocaba algo de Jacques Brel. Lo más llamativo de él era su pelo rojo, pero rojo, rojísimo, despeinado y de una viveza bastante alucinante. Y sus ojos eran tan claros y me habían mirado tan fijamente que parecía un ángel caído del cielo intentando transmitirme su luz. Era delgado y bastante joven. O tal vez no tan joven. Su atención me conmovió. Quizá fuera la primera persona que me veía realmente desde que había llegado a París. No solo me miró, sino que me vio. Debió de reconocer el peso de la tristeza que arrastraba, el cansancio, la ira. Debí de traslucir que, en realidad, no quería estar ahí. Él tampoco aparentaba estar muy a gusto rodeado de toda esa gente sombría que ni siquiera escuchaba su música. Aunque en el fondo se intuía que estaba en otro lugar, despierto, muy despierto, tanto como para reconocer la pena en una pobre diabla que avanzaba perdida por aquel pasillo infinito. A veces conectamos con personas en momentos muy concretos, y aunque sea algo fugaz, es importante. A veces un encuentro fugaz con una persona desconocida con la que ni siquiera cruzas una palabra puede tocarte mucho más que una relación de meses, o incluso de años. Ese hombre, la suave sonrisa que me regaló y percibir que sus ojos repararan en mí, me reconcilió con mi torpe llegada París. Gracias, chico de pelo rojo, por verme cuando ni siquiera yo me veía a mí misma.

La rue Rambuteau resultó ser una calle más larga de lo que pensaba. Era bonita. Más que bonita, era muy pintoresca. De hecho, deslizarme por ella me trasladó a los cuadros que tanto admiraba y que tanto deseaba disfrutar. Siempre había tenido muy claro que en mi primera visita a la ciudad iba a alojarme en el barrio Le Marais, precisamente por este motivo, porque en mi mente era lo que más se ajustaba a la estampa que yo tenía de París. Y puedo asegurar que, tras estar allí y vivirlo, cualquier imagen previa se quedó corta y muy lejos de lo increíble que era lo que presenciaban mis ojos. El vivo colorido de las flores que adornaban terrazas y balcones contrastaba con los adoquines grises, sonaba de fondo algún acordeón, se colocaban en hilera esos restaurantes tan auténticos con sus propuestas gastronómicas: el pato, los quesos, los vinos... *Algún día comeré una fondue,* pensé... Si tuviera que definir ese barrio en dos palabras, serían *vida* y *color.* No podía haber hecho una elección más acertada, era justo de lo que necesitaba empaparme yo.

Cuando llegué a mi apartamento eran casi las ocho. Giré la llave y la puerta se abrió. Encendí la luz, dejé mi maleta y entré a una acogedora estancia con una pequeña cocina americana, una cama al fondo y una ventana por la que entraban las luces de las farolas de la calle. Me sentí a salvo. Era el lugar en el que iba a refugiarme los días siguientes y me gustó desde el primer minuto. Me dejé caer en la cama y por fin lloré sin filtros, sin reparo, protegida de las miradas ajenas y sintiéndome segura y a salvo. Al fin fui consciente de que podía hacerlo.

Cuando me calmé, al cabo de un rato, encendí el móvil y lo pude conectar al wifi. Empezaron a entrar wasaps. Mi madre, Lau, Geri... También tenía decenas de correos electrónicos y mensajes en Instagram felicitándome por la presentación del libro. Pero mi atención se fijó en una sola cosa: un mensaje de Jan. Y una llamada perdida. Jan me había llamado pasadas las cinco, justo a la hora que estaba volando. Él sabía perfectamente a qué hora teníamos los vuelos, así que entendí que esa llamada no era más que otra huida y que en realidad no quería hablar conmigo, tan solo autoconvencerse de que había hecho lo correcto. Ya podría decirles a todos que había intentado llamarme y no le había cogido el teléfono. El mensaje decía: «Hola Río, te he llamado, espero que estés bien». ¿Se puede ser más aséptico? ¿Más neutro? ¿Más gris? ¡¿Más sin sentimientos?! ¡¡¿Más imbécil?!! ¿Me habría llamado solo para asegurarse de que no estaba en casa y de que tenía terreno libre para ir a por sus cosas? El ligero bienestar que había sentido al entrar en el apartamento y desahogarme con la llorera, se esfumó de un plumazo y empecé a maldecirlo de nuevo.

Llorando otra vez, pero de rabia, me desnudé, me metí en la ducha y seguí renegando de todo mientras el agua caía resignada sobre mi cabeza y mis hombros… Las lágrimas se mezclaban con el agua caliente. Lo insulté. Golpeé la pared tan fuerte que casi me hago daño. Me costaba respirar. Quería entender por qué había hecho eso, por qué en tres días había transformado mi vida en una pesadilla, por qué no había dado señales, por qué me había dicho *hasta el jueves*. Por qué. Por qué. Por qué. Y al rato, no sabría decir cuánto, arrodillada bajo el agua de la ducha con la cabeza hacia abajo, entendí que, aunque todavía no era capaz de verlo, aquel viaje conmigo sería importante. Y que París era la ciudad ideal para permitirme renacer. Ya lo dijo Rimbaud en su *orgía parisina*:

Después de haber bailado con furia en las tormentas,
París, tras recibir tan numerosos tajos,
cuando yaces, ahora, guardando en tus pupilas
luminosas, la dicha de un renacer salvaje.

ANÁLISIS DEL PROCESO (II)

De este segundo día de la historia de Río me gustaría destacar una sola cosa que, de hecho, he tratado de reflejar en todo el libro: la enorme importancia de seguir adelante a pesar de las pocas (o nulas) ganas de hacerlo. A pesar de que no siempre sea fácil, especialmente cuando se activan en nosotros determinadas emociones que nos empujan a rendirnos y mandarlo todo al garete.

Cuando uno lo está pasando mal, sobre todo cuando se ve obligado a enfrentarse a una ruptura amorosa que no desea y tal vez no esperaba, una ruptura que además puede que le parezca tan injusta, lo fácil y apetecible es *dejarse caer*. Es decir, caer en el victimismo, dejar de cuidarse, abandonarse, encerrarse en casa sin abrir ni siquiera una ventana, tumbarse en la cama y esperar a que vayan pasando las horas, decidir no ver a nadie, no comer o elegir solo comida basura, autocompadecerse, no dejar de darle vueltas a lo desgraciado que eres y, en definitiva, no poner ni un ápice de energía en intentar estar mejor. Porque en ese momento uno no desea estar mejor. Aunque lo niegue, con esta actitud uno solo busca que la vida le siga el rollo y se compadezca de su enorme e injusta desgracia.

La cuestión es que no podemos estar más equivocados. Esa no es la actitud correcta. Bueno, es la correcta si no queremos mejorar ni reconstruirnos, en ese caso es perfecta, porque cada día nos iremos sintiendo peor. Ese *no hacer nada* y que lo poco que hagamos sea autodestructivo es ideal para no mejorar ni un ápice. Pero si no queremos caer en ese lamentable estado de abandono que hace que nos olvidemos de por qué vivir es algo maravilloso, tenemos que esforzarnos. Sí. Y soy consciente de que el esfuerzo resulta muy difícil cuando nos encontramos atrapados en ese tipo de experiencias de pérdida, pero es tan complicado como necesario. Tenemos que esforzarnos en ir hacia adelante a pesar de que parezca que la fuerza de la gravedad se haya multiplicado por diez y no nos permita ni levantar la cabeza, en llevar a cabo determinadas obligaciones a pesar de que no nos apetezca, en confiar en la intuición de aquellos que nos quieren, dejarnos empujar, dejarnos llevar. La actitud de *no me apetece nada, pero lo hago* es la que debemos tratar de incorporar en nuestro día a día. Y si estas decisiones (a menudo opuestas a nuestros deseos) además implican enfrentarnos a algún reto, serán aún más beneficiosas.

Río se dejó llevar por su hermana, se dejó arrastrar hasta el aeropuerto y se metió en ese avión para volar a París sin darle demasiadas vueltas. Por supuesto que habría preferido quedarse encerrada en la habitación de su piso en Barcelona, sin embargo se dejó llevar. Hacer un viaje sola a París no le atraía en absoluto. Pasear sola, comer sola, cenar sola, visitar sus rincones sola...Viajar sola nunca habría sido su primera elección. Y menos a París. Y menos en pleno proceso de ruptura. Vamos, ni en sus peores pesadillas. Pero ¿qué podía perder? Eso es lo que yo llamo esforzarse. Decidir hacer justo eso que, aunque no nos apetezca nada, en el fondo intuimos que es la mejor opción para cuidarnos y recuperar el cariño hacia nosotros mismos.

DÍA 1 D. P. – VIERNES

Me desperté inundada por todos los pensamientos que, sin control, colapsaban mi cerebro. Era como una pesadilla horrible que me perseguía sin descanso. Cuando abrí los ojos no sabía ni dónde me encontraba. Aunque la noche anterior estaba agotada, me había dormido muy tarde. Estuve dando vueltas en la cama hablando con Jan en voz alta. Reproduciendo sola todo lo que deseaba decirle. Tenía mi libro, que se había convertido ya casi en un oráculo, en la mesita. La noche antes lo había dejado allí, sabiendo que me vendría bien tenerlo a mano, así que, antes de activarme y empezar el día, decidí echarle un vistazo para ver si tenía algo para mí...

AUTOENGAÑO

Lo que más daña y destroza una relación moribunda es no ser claros, dar esperanzas, generar falsas expectativas por cobardía o por puro autoengaño. Quiero insistir en la importancia de aprender a combatir el autoengaño. Decir cosas como ¡No, no, pero si yo no quiero dejar la relación! *cuando la realidad es que nos hemos largado de casa y nos lo hemos llevado todo, es incongruente y demoledor para quien se queda ahí, esperando ese regreso. Si uno se va, se va. Y la historia de* Estemos unos días sin contacto, a ver qué pasa, a ver si ponemos luz, a ver si lo vemos todo más claro *solo sirve para aferrarnos a una esperanza inexistente y absurda.*

¿Por qué algunas personas son tan escandalosamente cobardes? Ellas dirán que lo hacen por ti, por no hacerte daño o, lo que es peor, porque te quieren.

¡¡Aaah por favooooooooor!! ¡¡Encima!! ¡A ver si les vamos a tener que dar las gracias por mentir de una forma tan humillante y despiadada! Respiré y seguí leyendo.

Quizá ellas mismas se crean sus propias mentiras, quién sabe… La cuestión es que es muy importante que nos demos cuenta de esto, de que cuando alguien se aleja, se aleja. Punto. Cuando alguien se larga con sus cosas, se largó. Y no hace falta ponerle fecha ni maquillarlo para que parezca algo terapéutico o, peor aún, beneficioso para la relación. Bueno, tal vez sí, puede que lo sea, porque si esa historia no funciona, lo mejor es que se rompa.

Cuando te das cuenta de que has caído en el vergonzoso eslabón del autoengaño, es fácil conectar con la rabia. Dicen que la rabia es una emoción que nos pone en movimiento, una energía muy fuerte que nos activa y modifica por dentro. Yo la describiría más como un fuego que empieza justo en la boca del estómago y que va creciendo y haciéndose enorme hasta que lo devora todo cada vez con más fuerza, violencia y agresividad… Desde lo más profundo de tus entrañas hasta cada uno de los poros de tu piel. Como si ardiera desde dentro hacia fuera engulléndolo todo, arrasando con todo lo que encuentra a su paso sin piedad.

A veces ayuda sentir rabia, nos conecta con la vida, con la fuerza, con el instinto y con la verdad. La verdad de

quienes somos y de aquello que merecemos. Pero, sobre todo,
con la verdad de aquello que ya no es para nosotros y por lo
que ya no debemos llorar.

Qué dañino resulta que te digan cosas como: me voy un
tiempo, tal vez algún día, vamos viendo, no olvides que
te quiero…

¡¡¡Aaaaaaaargggggggggg!!! Sin duda, rabia era lo único que
podía sentir yo con todo mi ser… Podía haber cometido muchos errores, pero si hay algo que tenía muy claro es que no
está bien dejar una relación así, sin siquiera dar opción a hablar.
Creo que no hay nada peor que dejar cosas sin decir, sea lo que
sea, y Jan no nos había dado oportunidad de nada. Aquel domingo, incluso sabiendo que se marchaba para nunca volver,
se había despedido de mí dándome falsas esperanzas. Puede
que actuara de ese modo por miedo a hacerme daño, pensando que, al no soltarlo todo de golpe, tal vez me dolería menos,
que puede que fuera mejor para mí ir enfrentándome a la realidad poco a poco; o puede que lo hiciera porque intentaba
autoconvencerse de que iba a volver el jueves, aunque con esa
enorme maleta… A decir verdad, lo único que yo veía ante mí
era a alguien sin agallas y sin una pizca de compasión. ¿Se puede ser más cobarde y más inmaduro? ¿He compartido un pedazo de mi vida con un tipo que es capaz de hacer algo así?
¿Qué se supone que tengo en la cabeza? ¿Por qué atraigo a ese
tipo de personas? ¿Qué enseñanzas tengo que extraer de todo
esto? Preguntas y más preguntas giraban en bucle en mi mente, en una ruidosa espiral que no tenía fin. Pero la ruidosa espiral que logró ponerme en pie fue la de mi estómago. Caí en
la cuenta de que no había comido nada desde el mediodía
anterior, una barbaridad y más, con lo estricta que soy con las
comidas. Ni merendé ni cené y eran las once de la mañana, así
que mi barriga era como un gran agujero negro que suplicaba

alimento urgentemente. Ya me había maltratado bastante durante la noche con esos diálogos imaginarios e interminables con Jan que lo único que lograron fue ponerme aún más rabiosa; no quería seguir dañándome, y menos por él. Ya me había hecho bastante daño como para que ahora me lo hiciera yo a mí misma.

Por suerte, organizada como soy y tras planificar el viaje con todo el amor del que había sido capaz, tenía anotados varios lugares para desayunar algo cerca del apartamento. Así que me levanté, me vestí y salí sin ni siquiera mirarme al espejo.

No sé qué cara tendría, porque unos cuantos pares de ojos vinieron a parar a mí en cuanto abrí la puerta de la cafetería. Y no eran miradas de admiración, de sorpresa ni de nada que pudiera hacerme subir mínimamente el ánimo. Más bien denotaban extrañeza, o al menos así las percibí en aquel momento. Entré, me quité el abrigo y me senté en una mesita redonda de mármol que estaba vacía, cerca de la puerta. Recuerdo que pedí un café con leche de avena y la señora que me atendió me dijo, de muy malas maneras, que estaba en París y que allí leche de avena no servían. *Empezamos bien,* pensé. Mis desayunos son sagrados, es algo que quizá tengo que trabajar, pero, hoy por hoy, mi café con avena, mi pieza de fruta y mi tostada con aguacate no me los quita nadie. Resultó que tampoco tenían fruta, y ni quise preguntar ya por el aguacate. Así que mi primer desayuno en París fue un triste café con leche de vaca y un cruasán bastante mediocre, pero me supieron a gloria, porque mi estómago hubiera acogido con los brazos abiertos hasta una bazuca oxidada. Podría haberme comido la silla en la que estaba sentada y hubiera agradecido a Dios y al mundo entero por proveerme de semejante manjar.

Encendí el móvil. Llamada perdida de Jan. Me quedé mirando la pantalla un buen rato y a punto estuve de lanzar el teléfono de la rabia que se apoderó de mí. Me pedí otro cruasán, desbloqueé el móvil y le devolví la llamada de forma automática, sin pensar. Después de cinco o seis tonos, cuando estaba a punto de colgar, Jan respondió.

—¿Hola? —susurró al otro lado como un perrillo asustado.

Silencio.

—*Voici ton croissant* —la camarera me dejó el plato en la mesa.

—*Merci beaucoup* —le dije con mi mejor sonrisa impostada.

—¿Río?

La verdad es que no sabía muy bien por qué lo había llamado, porque ganas de hablar con él tenía entre cero y menos diez. Lo único que quería era estamparle el cruasán en la cara.

—Río, ¿me oyes?

Empecé a comer y puse el altavoz.

—No te oigo bien... —dijo Jan.

—No me oyes bien porque no estoy hablando —le dije mientras masticaba.

—Ah, hola.

Silencio.

—¿Hola? —dijo otra vez.

Resoplé. Oír su tono de voz me ponía muy nerviosa.

—Mira, Río, si no te va bien ahora, hablamos en otro momento —dijo.

Tenía tantas cosas agolpadas en la punta de la lengua que no podía pronunciar palabra.

—Es que estoy masticando —le contesté.

—Ya veo.

—Y además no tengo ganas de hablar contigo ahora.

—¿Y por qué me llamas?

—Pues no lo sé, la verdad, porque me estás estropeando el desayuno.

—Bueno, solo quería decirte que me pasaré mañana por el piso a recogerlo todo.

Exploté en una sonora carcajada que esparció trozos de cruasán por todas partes.

—*Pardon, pardon...* —me tapé la boca como pude y limpié los restos que había a mi alcance. No podía parar de reír.

—*C'est incredible!* —intenté explicarle a la camarera con una mezcla de inglés y francés—. *My ex is a fool!*

Básicamente le estaba diciendo que mi ex era un idiota. La mujer afirmaba con la cabeza cómplice.

—*Ils sont tous* —dijo indignada.

Me dijo que todos lo eran. Parecía que habíamos congeniado a través de mi situación.

—Río, por favor, que te estoy entendiendo —se quejó Jan, indignado.

—Ah, ¿sí? Pues, mira, me alegro —le respondí.

—Bueno, pues que lo sepas, que mañana iré al piso —insistió.

—Limpia la arena de Mel, porfa, que debe de estar hasta arriba de mierda —le dije de bastantes malas maneras.

—Mira, Río, hablamos con calma en otro momento porque no te reconozco.

—Venga, hasta luego —le dije.

Y colgué.

Me acabé el cruasán y me puse a llorar haciendo honor a mi nombre: ríos, mares, océanos. La camarera que me había criticado por pedirle leche de avena se sentó en la silla delante de mí. Pensé que iba a reñirme, pero no. Tenía los brazos cruzados y me miraba fijamente. Una leve sonrisa compasiva me transmitía su apoyo y yo se la devolví, moqueando como estaba.

—Te invito al desayuno —me dijo, con un español afrancesado, tratando de calmar un poco mi notable tristeza.

La miré atónita. El hecho de que me estuviera invitando una mujer que no me conocía de nada, que me estuviera tratando mejor que el imbécil de Jan, allí, en una cafetería de París, me incitó el llanto todavía más. Abrí los brazos e hice como que la abrazaba fuerte, aunque sin mucho contacto, que los franceses no son muy dados a tocarse. Le expliqué como pude toda mi historia. Manon, que así se llamaba, negaba con la cabeza y maldecía en francés. Yo no entendía nada, pero tenía pinta de estar diciendo cosas bastante feas. Creo que estaba proyectando historias propias en la mía. Y luego intentó animarme. Me dijo que yo era una mujer muy atractiva y que no tardaría en encontrar a otro.

—No, no, si yo no estoy buscando a nadie —le decía.

Yo quiero a Jan, yo amo a Jan. Y si no puedo estar con Jan, no quiero estar con nadie, pensaba para mis adentros. Yo quería creer en el amor, quería creer que las relaciones funcionan, que hay parejas que se quieren bien, desde el primer día hasta el último. Y que en el último, incluso en el último, se tratan con amor, con respeto, con agradecimiento, recordando todo lo que han compartido, que es irrepetible e incomparable siempre. Pero, por mucho que quería creerlo, en ese momento no lo conseguía, no veía nada, no sentía nada, solo ira y una tristeza inauditas.

Después de salir de la cafetería pululé toda la mañana sin destino, pero esa misma tarde decidí que empezaría a hacerme buena amiga de París, así que agarré mi móvil con el callejero y eché a andar. Tengo que decir que no volví a coger el metro ni una vez más durante todo el viaje. Caminé mucho, deambulé, me perdí, me mojé —en París casi la mitad de los días llovía, llovizaba o había una niebla que se podía cortar con cuchillo—, y así, paso a paso, fui escribiendo mi pequeña historia en esa gran urbe. Las largas caminatas disolvían la rabia, aunque alimentaban la nostalgia. Tenía las emociones a flor de piel y cualquier estímulo, por pequeño que fuera, podía desencadenar una tormenta. Era como si mi cuerpo fuera un recipiente a punto de rebosar, repleto de un agua oscura oscilante. En un estado normal ya soy una persona bastante sensible, pero en ese momento era una auténtica bomba de relojería. Mi hipersensibilidad había aumentado exponencialmente, llegando a ser peligrosa, pues todo me afectaba muchísimo.

Mi primer destino fue el Museo de Orsay. ¡Qué regalo! Cuando me planté ante la fachada principal me quedé sin habla durante un buen rato. En realidad llevaba horas sin hablar, porque no tenía a nadie con quien hacerlo, pero esa belleza hizo que también se detuviera mi relato interno. Dejé de rumiar y se apagó el constante diálogo mental que mantenía con Jan. Creo que dejé incluso de respirar. Ante mí había una antigua estación de tren de más de cien años, coronada por un enorme reloj a orillas de un Sena, plateado y brillante. Si ese museo era así ya por fuera, ¿qué sentiría cuando estuviera dentro? No sé si era el frío o la emoción, pero estaba temblando. Y cuando entré, no sabía si mirar arriba, delante, detrás o a los lados. Mirara donde mirara había belleza, una belleza que me traspasaba. ¿Sería fruto de estar tan rota por dentro? Dicen que por las grietas entra la luz, y a mí me estaba entrando a raudales en aquel momento. Estar rota duele pero como es un multiplicador de emociones, también intensifica las buenas. Esa belleza consiguió que Jan desapareciera durante casi cuatro horas de mi mente, el tiempo que estuve entre aquellas paredes hasta el cierre.

Renoir, Manet, Toulouse-Lautrec, Degas, Van Gogh... Sentí que me iba a explotar el corazón. Por primera vez en mi vida estuve delante de las obras originales que tantas veces había admirado en reproducciones y ojeando libros o revistas. Era algo tan emocionante, que desplazó totalmente mi tristeza a un mísero rincón. Deslumbrada, recorrí pasillos, me senté en grandes bancos, admiré el enorme reloj de la antigua estación, me tomé un chocolate caliente que disfruté como una enana... Y pude disfrutar de lo que más deseaba, por supuesto: la sección de escultura.

Una gran obra de bronce reinaba bajo la bóveda principal, la bóveda Laloux, atravesada por una misteriosa luz de invierno. Era *La edad madura*, de Camille Claudel. Camille tenía solo diecinueve años cuando conoció a Rodin, que ya superaba los cuarenta, y la fascinación que le profesaba como alumna y modelo se convirtió en un asunto que la acompañaría el resto de su vida. Camille fue una artista precoz que modelaba figuras de barro desde que era una niña y pasó los últimos treinta años de su existencia internada en un psiquiátrico, sola, abandonada y sin poder esculpir. Siempre que pensaba en Camille me invadía una mezcla de profunda tristeza y una impotencia angustiosa. Su historia de luces y sombras con Rodin me reafirmaba en mi sentimiento de que el amor era una mierda, de que siempre acababa mal y de que el ego de muchas personas era más grande que la sala en la que me encontraba. Conocer su historia no me ayudaba a que mi enfado se disolviera, sino más bien al contrario. Tengo la suerte de ser una gran amante del arte y de haber aprendido a separar la obra del artista, si no no podría pisar prácticamente ningún museo. Hasta las mujeres más geniales pueden ser aplastadas por un manipulador cuando el amor y los mecanismos de poder se entremezclan. Me senté ante aquella gran mole de bronce: la delicada figura de una mujer arrodillada que intenta, desesperada, detener la marcha de un hombre al que una anciana semioculta se lleva consigo. ¿Sería la premonición del olvido y el abandono que sufrió Camille por parte de ese hombre, maestro y amado, que se marchó sin ni siquiera mirar atrás? Me la imagino amasando formas de barro en los días de lluvia. Me tranquiliza pensar que quizá hubiera un jardín en el sanatorio donde estuvo encerrada y que la tierra húmeda pudiera servirle para materializar texturas o pequeñas figuras que guardaría en un pequeño armario en su fría habitación. No podía imaginar su sufrimiento. Frente a su creación sentí que una misma emoción nos conectaba a través del tiempo y el espacio, y le quise transmitir un pensamiento: *Querida Camille, hoy una mujer sola y abandonada admira tu obra, comparte tu dolor y te abraza allá donde estés. Yo siento también tu abrazo ante tu preciosa escultura.* Se me saltaron las lágrimas.

Sentada ante aquella obra, el mundo alrededor desapareció. Las figuras humanas que me rodeaban se movían entre una bruma blanquecina mientras yo estaba dialogando con Camille, pensando en su historia, sintiendo el desgarro de su tristeza, que atenuaba, en parte, la mía. Y en mitad de la bruma, una mancha rojiza atravesó por detrás la escultura. Tardé en reaccionar y, al girar la mirada para seguirla, reconocí el cabello de un tipo caminando de espaldas hacia otro lugar. Era espigado y juvenil. Era él, estaba segura. Me había sacado de mi letargo otra vez. El músico callejero del metro había captado mi atención de nuevo, cuando apenas nada habría podido hacerlo. Ni siquiera me vio, pero su presencia allí me pareció una señal bonita. París me guiñaba un ojo. Reconozco que me emocionó un poco la extraña casualidad de volver a verlo y que incluso se me pasó por la cabeza la idea de dejarme llevar y acercarme a él para decirle *hola*, pero al final decidí no darle más vueltas y limitarme a sonreír ante aquella curiosa coincidencia.

Despierta de nuevo, bajo la luz de invierno de la bóveda Laloux, me levanté y seguí examinando las maravillas que se encontraban reunidas en aquella gran sala.

Salir del museo fue como despertar de un hechizo. La carroza de pronto se había convertido en calabaza. Río volvía a sentirse miserable y vacía. Toda la calma se había quedado dentro, también la magia. La humedad y un frío afiladísimo me recordaron que estaba sola en París, que mi pareja me había dejado sin darme siquiera una explicación, un porqué, algo. De repente me sentí atrapada en mi cuerpo de carne, en estos huesos estrechos que podían quebrarse al más mínimo golpe, tal como se había quebrado mi equilibrio y toda mi paz. A cada paso que daba, la tristeza se me metía más adentro y la oscuridad que se apoderaba progresivamente de las calles de la ciudad me atraía, a pesar de hacerme sentir en la profunda boca de un dragón. Creo que tardé más de dos horas en llegar al apartamento. En realidad no estoy segura del tiempo que pasé deambulando aquella fría noche, ya que ni siquiera miré el móvil, que seguía en modo silencio desde que entré en el Orsay.

Me he sentido triste muchas veces en mi vida. Tengo casi cuarenta y tres años, así que dispongo de un recorrido vital lo suficientemente amplio como para que me hayan pasado cosas de todo tipo. Recuerdo el día en que murió mi abuela, cuando yo solo tenía ocho años. Está grabado en mi mente y lo recuerdo como si fuera hoy, porque se murió de repente; estaba charlando y riendo en la cocina y se desplomó. Sin darse ni cuenta, sin poder decir adiós. Sin embargo, lo último que hizo en vida fue reírse y eso me consolaba. Yo no la vi, pero me lo explicaron. Recuerdo también la muerte de mi amigo Dani. Teníamos solo veinticinco años y una leucemia se lo llevó en pocos meses. Fue otro suceso que me rompió el alma en trozos minúsculos. Sin embargo, el dolor que estaba sintiendo en ese momento era muy distinto, porque tenía que ver con una parte de mí que desconocía. El abandono de Jan había destapado una faceta mía con la que nunca había estado en contacto. Ni siquiera en mi ruptura anterior.

Agarré el móvil de forma mecánica, como hacemos tantas veces, sin poner atención en él. También sin pensar, le mandé un mensaje muy escueto a mi madre: «Todo bien por aquí, mamá. Mañana más. Besitos». Y decidí sentarme a escribir aquella noche.

A veces escribir es como un vómito, por lo menos para mí. Me sirve para explicarme y darme respuestas, para traer al mundo físico todo el festival de emociones que andan revueltas en mi interior. Y además suele ser, casi siempre, la única manera de olvidarme del vacío. Necesitaba poner palabras al estado mental, emocional, psicológico y vital en el que me encontraba, necesitaba ponerle un nombre. Tras mucho pensar, creí que lo más conveniente era llamarlo *el lugar sin nombre*, pues los estados intermedios, los umbrales, no son nada por definición, sino más bien el paso de un estado a otro, de un lugar a otro. Y allí me encontraba yo, colgando de un hilo en un espacio intermedio sin ningún lugar hacia donde mirar y sin nada a lo que aferrarme.

«Tenías a tu familia, tenías salud, tenías a Mel, tenías a tus amigos, tenías tus libros, tenías una profesión preciosa, Río...», dirás. Y sí, ahora ya soy consciente de ello, pero entonces no veía nada. La bruma del lugar sin nombre se había apoderado de mí e iba a necesitar un tiempo para volver a poner en valor todo lo que no tuviera que ver con Jan o mi relación con él, pues, sin darme cuenta, le había cedido a mi expareja demasiado poder y tenía que darme tiempo para recuperarlo.

No hace falta explicar que aquella noche tampoco cené. Estuve escribiendo hasta tarde. Escribía y lloraba. Derramar lágrimas y palabras al mismo tiempo había sido muchas veces mi mejor terapia y de nuevo lo estaba siendo. Sé que mi historia no es excepcional, que a todos nos han roto el corazón alguna vez (o varias), pero no importa en cuántas ocasiones te haya sucedido porque cuando estás ahí, con el alma hecha pedazos, te sientes la persona más desgraciada del mundo y ningún abrazo puede curar esa profunda herida sangrante. En ese momento, mientras escribía sobre mi dolor, me sentí conectada con todos los corazones rotos de la ciudad, e incluso del mundo entero. Me imaginé abrazando a cada una de esas almas desconocidas mientras les decía que tenía la certeza de que ese malestar pasaría y que volveríamos a estar bien, más fuertes, más serenos, más enteros y más vivos que nunca.

Empecé a sentir que me pesaban los ojos, así que decidí dejarlo ahí, pero, antes de apagar la luz, agarré de nuevo mi fiel acompañante, el libro que, ahora ya estaba segura, efectivamente había escrito para mí, y me puse a leer hasta quedarme dormida. Era tan sorprendente que cada capítulo que revisaba me hablara de esa forma tan directa y me dijera lo que más necesitaba... Elegí el que profundizaba sobre las pérdidas.

EL DOLOR DE UNA PÉRDIDA

¿Por qué por las noches uno se vuelve tan frágil? ¿Por qué lentamente todo oscurece por dentro y tus ojos no ven más que grietas por las que se escapan tus ilusiones y tus sueños? ¿Por qué a veces echas tanto de menos a alguien que, en realidad, ya ni siquiera deseas tener a tu lado? ¿Por qué tanto dolor? ¿Son realmente necesarias para crecer todas las heridas que a menudo sufre nuestro sensible corazón?

Cuando uno está atravesando un proceso de duelo, es normal que, al caer la noche, todo se nuble de tristeza, todo se cubra de silencio y solo se perciba el abrazo atento de ese vacío que habita dentro de ti... Sentir que los minutos avanzan pesados y que tu mente se desvela justo cuando más debería aprender a soltar.

Es normal sentir que no quieres dormirte, que no quieres sentir esa ausencia marchita a tu lado cuando, al abrir los ojos de repente, te das cuenta de que ya no está, de que se fue y que tal vez no desea volver. Tal vez prefiere estar sin ti antes que compartir sus días contigo. O tal vez es la vida quien lo ha decidido y no le permite regresar.

SOLEDAD

Soledad, ¿por qué dueles tanto si en ti no cabe el dolor? ¿Por qué aprietas tanto si tú eres espacio infinito? ¿Por qué pesas tanto si eres liviana y profunda y fugaz? En realidad, a muchos les gustas, les atraes y les apeteces. Te desean, por eso no logran entender el dolor que en ocasiones provocas...

Soledad, esa soledad que te mantiene aplastado por ese silencio de hormigón que te atrapa en su seno. Pesa y no te deja avanzar, y no puedes deshacerte de él. Se hace lejano por momentos y luego vuelve y te azota con rabia cuando menos te lo esperas, dejándote sin apenas respirar.

ANÁLISIS DEL PROCESO (III)

Después de pasar este primer día con Río en París creo que hay que hablar principalmente de dos asuntos.

Por un lado, de las cuatro horas que pasó encerrada en el precioso Museo de Orsay. Lo que ella experimentó en esa antigua estación es algo que deberíamos tratar de buscar siempre, y más si estamos viviendo un proceso de pérdida como el que ella vivía. Conectar con esos momentos espaciotemporales en los que sentimos que el mundo exterior se detiene es lo más sanador que existe. Es como meternos dentro de una burbuja que nos aísla mientras nos repara, un espacio de sanación profunda que nos va curando sin apenas notarlo, poco a poco, de forma muy sutil. Esto ocurre cuando fluimos por completo con la vida, cuando entramos en comunión con ella y nos deslizamos por sus rincones dejándonos llevar, sin pensar, sin razonar, sin recordar, sin ni siquiera sentir, sin preocuparnos por nada más que por seguir fluyendo. Es como viajar a una dimensión distinta, que no es fácil de describir, pero en la que somos capaces de ver sin padecer, de observar con distancia desde una conciencia que está muy por encima de la mente en la que estamos atrapados la mayor parte del tiempo. Una conciencia en la que ni la rabia ni la tristeza ni los lamentos tienen ningún sentido. Este estado de *flow* ocurre cuando sientes que te desconectas del espacio y del tiempo, como un alma que revolotea juguetona y sin carga emocional alguna, en un lugar que habita con nosotros, que está a nuestro alcance, pero que no podemos ver ni tocar. Y que la mayoría ni siquiera es capaz de entender ni de aceptar. Algo que nos envuelve y se nos lleva con cariño a ese lugar en el que dejamos de estar presentes. Luego, cuando esa experiencia acaba, sientes como si despertaras poco a poco y fueras volviendo a entrar en contacto con tu realidad, con tu presente, en ese momento y en ese lugar. He visto cantantes experimentar estas vivencias infinidad de veces al actuar y me deja sin aliento cuando los veo despertar al terminar la canción y sobresaltarse con el estallido de aplausos emocionados del público. A cada uno le puede ocurrir con actividades distintas, a algunos les pasará cocinando, a otros mientras realizan una conferencia, a otros haciendo deporte, pintando, tocando un instrumento, paseando... La cuestión a la que quiero llegar es a que, cuando estamos sufriendo por algo que nos ha ocurrido, cuando nos encontramos atravesando una etapa complicada, es primordial intentar hacer o buscar actividades que intuyamos que nos pueden acercar a esos momentos. Cada vez que vivamos uno de ellos, nos habremos sanado un poquito más. Río tuvo uno de ellos dentro del museo, rodeada de arte y de belleza, envuelta de pinturas que marcaron la historia y de esculturas que le arrebataban el aliento. A ti puede que te pase de otra forma, con otras cosas. Por supuesto, no hace falta estar en París para conseguirlo. Lo importante es encontrar la manera, conocerla y hacer lo necesario para que suceda.

Por otro lado, viendo a Río, quiero que tomemos conciencia de cómo el propio proceso de duelo nos sumerge por completo en su interior, de forma que nos olvidamos de lo afortunados que somos y de todo lo bueno que sigue habiendo en nuestra vida. Nos volvemos tristes, huraños y desagradecidos sin darnos cuenta. Forma parte del victimismo en el que quedamos atrapados. Río se olvida de su preciosa familia, que la quiere y está preocupada por ella, de que tiene un trabajo que la hace sentir plena y realizada, de que puede llenar sus horas haciendo lo que más le gusta, de que se encuentra en la mismísima ciudad de París, posiblemente la que más kilómetros de belleza alberga del mundo entero... Solo siente enfado y rabia y tristeza. Y aunque esto forme parte del duelo, conviene recordar que no estamos solos y que aquellos que realmente importan son los que sí están pensando en nosotros, son los que sí darían todo cuanto tienen por vernos bien lo antes posible. Somos afortunados por tenerlos. Con solo un sutil giro de nuestros ojos, con un mínimo reencuadre que nos permita mirar hacia la dirección correcta, justo donde ellos están, podremos darles las gracias, y te aseguro que en ese momento todo empezará a cambiar por dentro.

DÍA 2 D. P. – SÁBADO

Me desperté con la esquina del libro clavada en mi mejilla derecha. De hecho, fue el dolor en el párpado lo que me hizo abrir los ojos. Me había quedado dormida bocabajo, vete tú a saber a qué hora. Normalmente soy una persona bastante ordenada con mis hábitos, suelo acostarme y levantarme a la misma hora y mi cuerpo está programado para una vida diaria activa con su dosis esencial de descanso. Siempre digo que tener al menos una hora diaria para uno mismo es imprescindible para una buena salud mental. Una hora para pensar, pasear, correr, divagar, tumbarse o lo que cada uno desee, pero estando contigo de verdad. Yo empecé a aplicarlo hace unos años. Por ejemplo, suelo ir todos los días al gimnasio a primera hora, después de tomarme mi café con avena, eso sí. Tengo mi cita conmigo misma. Las veces que no he podido tenerla noto cómo mi cuerpo y mi mente me la piden a gritos.

Esos días en París fueron un eterno estar conmigo, en mi propia compañía, pero con una parte de mí insoportable, excitable y victimista. Si no hubiera sido yo misma, me hubiera mandado a paseo unas cuantas veces, pero las leyes de la física me impidieron separarme de mí y tuve que aprender a convivir con la Río a veces desequilibrada, deprimida y deprimente.

Eran las once de la mañana y ese día tampoco iría a correr tal y como me habría gustado, porque ya era demasiado tarde. Volvía a tener un hambre atroz, así que me duché, me lavé la cara, me vestí y recompuse rápidamente mis rizos como pude para saltar a la calle en busca de Manon. En aquel momento consideré más valiosa una buena compañía que un buen desayuno, y aquella mujer resultaba acogedora, como también su bar. Tenía unos grandes pechos y un vientre abultado, un cuerpo generoso de feminidad hospitalaria. Y la hospitalidad y el cuidado eran lo que necesitaba.

Cuando entré por la puerta, Manon esbozó una gran sonrisa. Y yo se la devolví. Creo que fue la primera vez que sonreía estando en París. Había generado familiaridad en tiempo récord. La gente dice que los franceses son fríos y cerrados, y es verdad que al principio tuve esa sensación de distancia irremediable, y más después de su disgusto evidente cuando le pedí leche de avena. Pero creo que compartir dolores une, y, si son dolores de amor, o, mejor dicho, de desamor, más aún, estés donde estés, seas de donde seas. Es un tormento incomparable que genera compasión, especialmente entre las mujeres, me atrevería a decir. Nos acerca, nos hacemos de espejo e intentamos aliviar el malestar del otro sin darnos cuenta de que al hacerlo, en realidad nos estamos aliviando a nosotros mismos.

—*Bonjour, ma jolie!*

—*Bonjour, Manon!*

Me senté a la misma mesa del día anterior y ella se acercó a pasarle un trapo. Entonces se sentó y me dijo que tenía unos cruasanes recién horneados y que enseguida me serviría dos, además de mi café, pero que antes quería charlar un rato conmigo. Mis tripas suplicaban sustento, pero no pude decirle que no, y aunque se lo hubiera dicho no sé si me hubiera hecho caso, porque Manon es de esas personas que hace lo que le da la gana en todo momento y si tienes hambre, te esperas. Entonces empezó la conversación directa a la yugular:

—¿Querías mucho a ese chico? —me preguntó en un castellano un tanto rudimentario, pero mirándome fijamente a los ojos.

No me esperaba que hablara mi idioma y menos aquel disparo así, de buena mañana, aunque contesté lo que buenamente pude.

—Emm, sí… De hecho aún le quiero.

—¿Por qué? —insistió.

—Mmm… ¿Cómo que por qué?

—¿Que por qué lo quieres? —Yo la había entendido perfectamente, pero no sé si hay motivos objetivos para amar a alguien, suele ser algo más bien instintivo, visceral, ¿no?

—Él es…, es inteligente, es guapo…, me hace reflexionar y descubrirme, me acompaña… —Empecé a enumerar las virtudes de Jan, o sea, a abrirme en canal un rato y se me humedecieron los ojos. Pero seguí—: Me pasaría horas a su lado, me aporta mucha paz, cuando me abraza siento que se para el mundo, me apoya en todo…

Rompí a llorar. Manon me acercó una servilleta.

—¿Prefieres contarme las cosas que no te gustan de él?

—No… —dije moqueando—. Quiero que nada de esto haya pasado. Quiero volver atrás y darme cuenta de que él no se encontraba bien, y poder hacer algo para que estemos como al principio. Quiero volver a abrazarlo, a hacer planes, a ir al cine y a cenar a nuestro sitio favorito… Quiero que me mire a los ojos y me diga que me quiere sin decírmelo.

Se hizo un largo silencio. Un señor me observaba con lástima desde la barra. Manon me miraba entre seria y afable. Mis tripas rugían.

—¿Le has dicho a Jan todo lo que acabas de decirme a mí? —preguntó Manon.

—Ni siquiera se ha despedido. No he tenido oportunidad de decirle nada. Simplemente se marchó y me envió un correo electrónico dos días antes de coger el avión —contesté.

—¿Y de verdad crees que alguien que te deja de esa manera merece que sigas queriéndole? —Manon era bastante directa.

—Manon, el amor no se elige —repliqué—. ¡Ojalá pudiera elegir y desprogramar mi cerebro y mi corazón para eliminar ese software de mi organismo!

—Tienes razón, pero si pudieras verte como yo te veo, si fueras capaz de ver esto que me estás contando desde fuera, tendrías la respuesta rápida a todo este dolor —sentenció.

—¿Qué ves desde fuera? —le espeté.

—Veo a una mujer fuerte que se ha quebrado y anda un poco ladeada y confusa, buscando el amor en un hombre que no la ama. Una mujer que ha cedido todo su poder a alguien que lo ha agarrado, lo ha estrujado y lo ha lanzado a la papelera más cercana. —Lo pronunció haciendo gestos suaves con las manos mientras hablaba.

—¿Y dónde está esa papelera? —Mi pregunta era totalmente seria, entendía lo que quería decir Manon y quería recuperar mi poder.

Veía de reojo al hombre de la barra. Estaba cada vez más indignado y cada vez más cerca. Manon señaló con su dedo índice al centro de mi pecho.

—Aquí. Ve hacia dentro. Con cuidado, no tengas prisa. Lo estás haciendo bien. Pero no lo busques fuera ni pretendas que te lo entregue él, porque el amor que debes recuperar y en el único que debes centrarte es en el tuyo. Estás centrada en él, en lo que te ha hecho, en cómo se ha comportado, en las heridas que te ha causado... Pero ¿qué pasa contigo? ¿Quién es la persona que verdaderamente importa aquí? ¿Al lado de quién sigues tú? No debes olvidarte de ti, cariño...

—Gracias, Manon, de corazón —le dije emocionada ante sus palabras, aunque hambrienta.

—Voy a traerte tu desayuno —respondió.

—¡Por favor!

Mientras Manon preparaba el café, notaba la mirada del señor de la barra perforándome la sien. Estaba convencida de que si lo miraba me diría algo, pero no estaba segura del todo de querer recibir más consejos de desconocidos. Sin embargo, no hizo falta ni la mirada. El hombre se levantó del taburete y se acercó a mi mesa.

—¿Puedo sentarme? —No sé que tengo, pero la gente se acerca a hablarme a menudo.

—Hummm, sí, claro...

Aquel día el desayuno iba a ser intenso.

—Disculpa que me entrometa, pero no he podido evitar escuchar tu historia —dijo algo avergonzado en un castellano mucho más perfecto que el de Manon.

Le sonreí. Debía tener unos setenta años, delgado, pelo canoso, ojos saltones, mirada de niño triste y bien vestido.

—Me llamo Vivien, soy viudo y me han roto el corazón en pedazos tres veces en toda mi vida, sin contar la muerte de mi esposa, que lo quebró todo para siempre. Soy un experto en corazones rotos, he tenido que repararlo varias veces con dolor, paciencia y mucha autocompasión. Y ¿sabes?, he descubierto que eso es lo más importante: ¡La compasión hacia uno mismo! ¿Es la primera vez que te pasa algo así?

Tardé unos segundos en contestar, tuve que pensarlo.

—Hummm, con esta intensidad sí, sin duda. Me está doliendo mucho —le dije a punto de llorar otra vez.

—Te entiendo. Sé cómo te sientes. Es un dolor largo, constante, profundo, que se mezcla con un montón de emociones que te desequilibran y ponen tu vida patas arriba. Pero ¿sabes qué? Aprendes mucho de esas experiencias. Yo aprendí a coser mi propio corazón y volví a amar sin miedo. Algo que me parecía impensable tras cada decepción —indicó Vivien.

—Lo entiendo... pero yo no puedo pensar en eso ahora. En amar sin miedo, en amar a nadie que no sea a Jan —le dije.

Manon dejó en la mesa el café y dos cruasanes. Se me abrieron los ojos de golpe.

—Pero no puedes poner al otro siempre por delante, no debes necesitar a alguien para ser feliz. Eso te hará débil y dependiente... Está bien entregarse, te lo digo por experiencia, y, de hecho, es bueno hacerlo, pero siempre guardando un espacio para ti, para recordar quién eres tú, más allá de esa relación. Yo creo que es la única forma de mantenerte en pie cuando recibes esos golpes...

—Muchas gracias, sí, es cierto. —Pensaba en lo bonitas que eran sus palabras—. Creo que la teoría más o menos la tengo clara, supongo que con un poco de tiempo lograré ponerla en práctica...

Di un primer sorbo al café y cogí el cruasán con ansia.

—Te dejo desayunar, y disculpa la intromisión. —Vivien se levantó, le hizo un gesto con la cabeza a Manon y salió del bar.

—En absoluto, muchas gracias por sus palabras —le dije mientras se alejaba. Miré a Manon—: No tienes leche de avena, ¿verdad?

—¡No tengo leche de avena!

—¡De acuerdo, de acuerdo!

Aquel día mi objetivo fue visitar el Museo de August Rodin. Cerraría así el círculo de una de las relaciones más tóxicas de la historia del arte, poblada de amores trágicos, imposibles, dolorosos, de abusos de poder y malos tratos físicos y psicológicos. *¿Existirá algún libro sobre eso? Sería un buen tema. Yo me lo compraría. Tal vez tendría que escribirlo yo*, pensé y sonreí con esa idea...

Fui caminando, callejeé tranquilamente y, una vez cerca del museo, paré a comer algo en una terracita muy pintoresca y parisina. Iba sin hora y sin rumbo, escuchando los ritmos de mi cuerpo. Eso sí, sabía que el museo cerraba a las cinco y media de la tarde y yo necesitaba como mínimo dos horas para emparme de las esculturas de Rodin, el manipulador. Perdón, de Rodin a secas, que me puede la rabia con estos temas.

Los jardines y el palacete rococó del hotel Biron que albergan el museo ya eran una obra de arte en sí mismos. Me habían dicho que algunas de las esculturas más conocidas de Rodin estaban en el jardín, por lo que decidí empezar por ahí, recorriendo la parte exterior. La primera que vi, a pesar de las tres enormes hectáreas de precioso jardín, fue *El Pensador*. Lo vi de lejos y me acerqué a paso lento. Quería saborear mi acercamiento a una de las obras que más me fascinan después del *David*. Cuando lo tuve delante, me emocioné. Había escudriñado tanto esa escultura en libros, cuadernos y documentales, que tener delante, en puro bronce, la musculosa mole elegante y elucubrante, elevó mi espíritu e hizo que me evadiera como me había sucedido la tarde anterior con la creación de Camille, la alumna, la amante, la musa, la obsesión de aquel enorme artista y pequeño ser humano. Otra vez estoy metiéndome con Rodin, es inconsciente. ¿Estaré proyectando en él cosas de Jan? Quizá sí. En cualquier caso, August, te pido disculpas y te agradezco enormemente la creación de tanta belleza, la capacidad de elevar los espíritus a través de tu obra. Este pensador, inspirado en Dante mientras ideaba su *Divina Comedia,* tiene una fuerza sobrehumana que me provoca ganas de llorar. Trasciende al tiempo, trasciende al espacio, al amor. Creo que ni siquiera él era del todo consciente de lo que estaba haciendo al parir esa escultura. Rodin decía que lo que hacía pensar a su pensador no era el cerebro sino el ceño fruncido y los labios comprimidos, cada músculo de sus brazos, su puño apretado y los dedos de los pies agarrados. Imaginé poder pensar así, sentir así, con esa fuerza y esa determinación en lugar de con el caos que me dominaba esos días.

Exprimí a fondo las dos horas largas que pasé en el museo y, a la salida, me quedé aún un rato mirando hacia el jardín a través de la verja. Tendría que volver a París más adelante. Tendría que visitar de nuevo esos lugares que se me habían metido tan adentro.

Me marché dando un paseo, algo más serena y en paz. Mientras caminaba pensé en llamar a Lau, pero al final decidí no hacerlo. Ya tendría tiempo al volver para contarle todo, cuando lo tuviera más claro. No era el caso. Preferí seguir sumergida en esa mezcla extraña de la belleza que había a mi alrededor y el cúmulo de emociones grises que me sacudían por dentro. No tenía ganas de hablar y elegí no forzarme a hacerlo.

Al llegar a mi apartamento me senté en la cama y pensé que aún era temprano, quedaba un rato hasta la hora de la cena y tampoco tenía hambre todavía. Cuando planifiqué el viaje decidí que, ya que no iría al gimnasio en muchos días, saldría a correr por la ciudad. Bueno, saldríamos a correr Jan y yo, ese era el plan.

Detesto correr, es el deporte que menos me gusta, pero hacerlo acompañada de Jan y en París todavía parecía tener algún aliciente. Hacerlo sola se me hacía muy pero que muy cuesta arriba, sin embargo sabía que me iría muy bien. Siempre he sido consciente de que el deporte es la mejor terapia, así que me agarré a esa certeza y saqué fuerzas de donde no había para ponerme unas mallas y una sudadera, calzarme las deportivas y salir por la puerta. Tardé muy poco en hacerlo, no quería dejar que mi cerebro empezara a buscar motivos por los que renunciar a ello. Cada movimiento era una lucha silenciosa conmigo misma, pero no me permití renunciar. La Río racional se impuso y en pocos minutos estaba en la calle. Caminé un rato antes de encontrar la zona en la que empezaría a correr, quería ir por la gran avenida que bordea el Sena. Faltaba un ratito para llegar allí, así que me coloqué los cascos, le di al play en una de mis listas de música preferida y puse el modo aleatorio. Subí el volumen y empecé a trotar por las callejuelas que me llevarían hasta ese lugar, estaba empezando a temblar de frío y necesitaba entrar en calor. Sonaron los primeros acordes de *Hungry Heart* de Bruce Springsteen como una inyección de gasolina en mis venas. Sentía cada vez más energía en mi cuerpo hasta que, no sé bien en qué momento, mis emociones empezaron a tambalearse. Las calles estaban vacías, mi boca exhalaba vaho y mis dedos estaban criogenizados. Se adivinaba el calor de los hogares en el interior de ventanas anaranjadas, adornadas con cortinas familiares, hechas o regaladas con amor. Me sentía tan sola... Las canciones se sucedían, una tras otra, mientras iban comprometiendo mi delicado estado emocional.

Acorté por un callejón con dos pequeñas terracitas vacías. En el interior, grupos de amigos bebían y reían, una pareja cenaba, frente a frente sin retirarse la mirada, una familia celebraba un cumpleaños. Empecé a correr más rápido con otra de Springsteen, tratando de huir de ese dolor que me provocaba la felicidad ajena. Nadie estaba solo. Nadie más que yo. «Juntos, Wendy, podremos sobrellevar la tristeza. Te amo con locura. Algún día, no sé cuándo, llegaremos a ese lugar al que queremos ir y caminaremos por el sol, pero hasta entonces, vagabundos como nosotros, hemos nacido para correr...», me decía Bruce. Corría cada vez más rápido y con más lágrimas en los ojos mientras sonaba la letra de *Born to Run* y maldecía a Jan. Crucé un par de semáforos en rojo, alguien me pitó y me insultó en francés. Cuando llegué a la gran avenida fui directa al río, me dejé chocar contra el muro de piedra que lo bordeaba y me detuve, me detuve. Grité de rabia, contra él, contra mí, contra todos lo que estaban sonriendo y celebrando vidas felices, contra todos los que estaban acompañados cuando yo me sentía tan desgraciada y tan sola. Empezó a sonar *Save My Life – Radio Edit* de John Smith. Esa canción siempre me había estremecido por dentro y estaba claro que en mi dramático estado interior iba a ser peor. Exploté a llorar desconsoladamente. Las luces amarillas iluminaban el paseo. Algunos transeúntes me miraron, ninguno se acercó a preguntar nada. Mejor. Estaba en plena crisis emocional, me costaba respirar, moverme, levantar la vista. Me quedé observando el agua fría y oscura del río. Imaginé que me hablaba, que el agua me decía que todo es cíclico, como ella, que todo está de paso y que también esa congoja pasaría. No sé cuánto rato estuve allí detenida, alimentando con mis lágrimas saladas el caudal dulce del Sena.

De vuelta, algo más calmada, decidí parar a cenar en un pequeño restaurante que había visto antes y me había gustado. La llorera junto con el deporte me habían servido para desahogarme un poco, me sentía ligeramente más liviana. Lo fácil hubiera sido irme sin cenar, encerrarme en el apartamento y alejarme así del mundo; lo más fácil hubiera sido incluso no salir a correr. Pero yo sabía que la vida es movimiento y que, por mucho que me costara, tenía que dar la cara y enfrentarme a todos los fantasmas que habitaban en mi mundo interior. Rodeada de personas con existencias aparentemente felices, en todo caso seguro que mucho más felices y despreocupadas que la mía, miré la carta y pedí una pequeña tabla de quesos y una copa de vino. Era lo que tocaba, estaba en París. Cenar sola siempre había sido un reto para mí, pero iba a tener que acostumbrarme si no quería dejar de disfrutar de los placeres de la vida con los que en ese momento me costaba conectar, pero que seguían ahí, disponibles y maravillosos.

Aquella noche, antes de acostarme, hablé con mi madre. Estaba preocupada y yo ni siquiera había pensado en ella. Cómo somos. Rompiéndome la cabeza por alguien que no me amaba y dejando un espacio residual para las personas que de verdad me querían y que siempre estaban ahí. Había ignorado el móvil durante aquellos dos días y tenía bastantes mensajes por responder. Qué ridícula me sentí en aquel momento, cuando reparé en que esas decenas de mensajes de mi gente querida no tenían para mí ni una décima parte del valor que hubiera tenido un triste mensaje de Jan, un «¿Cómo estás?» o «Espero que estés disfrutando de París» de la persona que me había abandonado a mi suerte.

Tras despedirme de mi madre y colgar el teléfono, me dejé caer encima de la cama como un peso muerto y me quedé mirando la lámpara del techo sin pestañear. Su cálida luz empezó a difuminarse poco a poco ante mis ojos, que se relajaban cada vez más. Mientras me iba quedando dormida, una corriente de pensamientos se amontonaba lentamente en mi cabeza. Las horas se sucedían una tras otra en aquel viaje singular. Se arrastraban y se dejaban llevar resignadas, igual que mis sentimientos. La sensación extraña de percibir belleza de forma constante y estar cargando un peso absurdo y vacío mientras avanzaba hacia ningún lugar. Sin duda, el destino perfecto. Belleza llena de luz mezclada con mi oscuridad penetrante. Libertad, silencio y plenitud mezclados con la opresión más cruel y aplastante. El mármol suave de un rostro perfecto esculpido por las manos de un dios y las ásperas lágrimas de un alma marchita que llora sintiéndose errante… Una dualidad constante que me ayudaba a sanar despacio, sumergida en los tonos más grises de esa ciudad pensante.

Madre mía, me dije, *estoy delirando o mis pensamientos parecen más poéticos que nunca…* Debía de ser la influencia de París. De una cosa no había duda: aquello estaba siendo sanador. Cuando vives una situación de pérdida indeseada y cruel como la mía, cambiar de escenario y darte permiso para salir de tu zona de confort, exponiéndote así a las sorpresas y regalos de un entorno para nada conocido, es positivo. Fue una magnífica idea dejar de ver las mismas caras, escuchar las mismas voces, no encerrarme en casa a llorar, sino encontrarme rodeada de seductores lugares repletos de magia, de arte y de ganas de volver a empezar. Sí, volver a empezar. Porque estar allí inevitablemente me acababa conectando con las ganas de empezar de nuevo. Al observar tanta belleza y tanto arte, incluso me sentía mal cargando dolor. Parecía que era algo que no tocaba, que tenía que comenzar a soltar para así poder seguir y disfrutar de verdad de cada uno de los regalos que me ofrecía la ciudad del amor. Quizá su nombre no tuviera tanto que ver con el amor de pareja. Tal vez empezaba a entender...

ANÁLISIS DEL PROCESO (IV)

En su segundo día en París, Río repitió la experiencia de visitar un museo, en este caso el de Rodin, porque se dio cuenta de que era extrañamente sanador para ella. Más allá de que le guste el arte, detectó que la ayudaba a sentirse mejor. En situaciones de dolor es necesario que nos demos cuenta de estos detalles que a nivel emocional nos indican qué sí y qué no debemos hacer. De ese modo avanzaremos con un paso más firme.

También quiero destacar dos aspectos más que a Río le sirven y que creo que pueden ser interesantes en cualquier proceso de ruptura: el deporte y la cena a solas.

Todos sabemos (por lo menos a nivel teórico) que el deporte es el mejor antidepresivo que existe y que siempre nos ayuda a sentirnos mejor. Pero, a pesar de saberlo, no todos tenemos la disciplina y la fuerza de voluntad suficientes para superar las incontables resistencias que en esos complicados momentos aparecen para practicarlo. Está claro que cuesta. Que no apetece. Que lo único que nos atrae en esos momentos es la idea de tirarnos en el sofá como un alma en pena y no hacer nada. Sin embargo, también está claro que esas opciones, lejos de ayudarnos a sentirnos mejor, van a empeorar nuestro lamentable estado. Río se enfrenta a ello sin darse demasiada tregua. Es la forma ideal de lograrlo. Sin darle vueltas. Sin reflexionar sobre si apetece o no. Ella sabe que le sienta bien y decide, simplemente, ponerse las zapatillas y salir. Eso es lo que hay que hacer con el deporte, no darle vueltas y ponerse en marcha. Luego, una vez finalizado, sería bueno analizar los cambios internos que el ejercicio físico ha provocado en nuestra mente y nuestro cuerpo. Es maravilloso. Río pasa por diferentes estados emocionales mientras corre, empieza con energía y ganas y después esto se va transformando en tristeza y dolor. Pero lo suelta, se desahoga y de esa forma su cerebro empieza a mezclar recuerdos tristes con los efectos placenteros y tan positivos de la dopamina, la serotonina y las endorfinas. Sí, así funciona. Extrañamente, en medio de tanto dolor empiezas a experimentar placer. Paz. Bienestar. Y es justo ahí cuando uno puede darse cuenta de que, de nuevo, ha sanado un poco más. Por eso, aunque incluir el ejercicio físico en nuestra rutina de vida es básico, incluso a pesar de no sufrir ningún problema, en esos momentos más delicados en los que atravesamos experiencias especialmente duras aún es más necesario. No nos arrepentiremos de haberlo intentado.

Por último, la decisión de ir a cenar sola, en un restaurante que le llama la atención a Río, es la tercera cosa que hace bien ese día y que a cualquiera que pase por una situación similar puede servirle. El plan de estar sentada a una mesa, sin la compañía de nadie más que de sí misma, de noche no era su idea de una cena perfecta; sin embargo, en ese momento decide cuidarse, mimarse y permitirse ese placer. Le gustan los quesos, le gusta el vino y le gusta París. Y opta por hacerse feliz regalándose ese rato consigo misma mientras disfruta de un tiempo único y sumamente especial. Enfrentarnos a nuestros miedos para elegir aquello que nos hace felices es sanador.

DÍA 3 D. P. – DOMINGO

—Río, cariño, ¿cómo estás?

—¿Cariño?

El sol de la mañana entraba tímido a través de la ventana. Era la primera vez que veía el sol en París.

—Siento mucho que tengas que pasar por esto.

—No creo que lo sientas más que yo. No sé si alguna vez podrás entender lo que me pasa a mí estos días. Pero te agradezco la llamada, una explicación, cualquier cosa. Dime algo que me ayude a sostener todo esto, por favor.

—Estoy hablando con gente estos días, tratando de entender lo que me ha pasado. Todos piensan que he hecho lo mejor, no me ven bien.

—Ah, los demás piensan que has hecho lo mejor... ¿Y tú? ¿Piensas algo? ¿O piensan los demás por ti?

—Río, por favor...

—Y, por otro lado, hubiera estado bien hablarlo conmigo, que para algo soy la parte afectada, ¿no crees?

—Supongo que sí.

—Es que yo alucino, de verdad.

—No lo he hecho bien, pero lo he hecho lo mejor que he podido.

—Pero ¿qué ha pasado? ¡Es que no lo entiendo! ¿Me lo puedes explicar? Estábamos bien, estábamos... bien. Es verdad que te fuiste encerrando en ti mismo cada vez más, parecía que estabas incómodo conmigo y tu forma de actuar, alejándote, no me gustaba. A mí me incomodaba también que no hablaras, que no me contaras lo que te ocurría. Pero ¡no sé! De ahí a desaparecer así por la puerta de atrás, qué quieres que te diga... Hace pocos días que hablábamos del viaje a París. ¿Cómo puedes haber cambiado de capítulo sin más? Has pasado de decirme que te apetecía hacer este viaje conmigo a llevarte todas tus cosas del piso y dejarme aquí sola. Es que no me entra en la cabeza. ¡¿Con quién he estado?! ¡¿De qué va todo esto?!

—Ya lo sé, siento mucho que pases por esto, Río.

—Sí, sí, eso ya lo has dicho antes. Lo sientes mucho. Lo sientes mucho, pero por aquí dando la cara no te veo. Me siento como si fuera un monstruo, como si yo te hubiera maltratado, como si yo fuera la que te ha hecho acabar así, medio enfermo o como quiera que estés. ¿Tan mala he sido?

—No, cariño, no es eso.

—Mira, te pido por favor que dejes de llamarme cariño, ¿vale? Aunque no te atrevas a verbalizarlo y yo no lo quiera aceptar, en el fondo sé perfectamente que no tienes ninguna intención de volver, por lo que si me llamas así me parece que te ríes de mí. Por favor, no lo hagas.

—Vale, lo entiendo.

—¿Entonces? Si no soy tan mala, ¿de qué va la cosa? ¿Qué es lo que te ha hecho enfermar así o estar mal?

—Bufff... Es que no lo tengo claro, cariñ... perdón, perdón. No sé cómo explicarlo.

Esa falta de claridad me mataba.

—¿No sabes explicarlo o no tienes agallas? ¡Di lo que piensas, joder! Sé claro de una puñetera vez. ¿No ves que así aún me haces más daño? Necesito respuestas claras. ¡Entender! Tengo la sensación de haber vivido una ficción.

—Precisamente, lo último que quiero es hacerte daño...

—¡Pues habla!

Silencio.

—Mira, Jan, yo ya no puedo más; esto va a acabar conmigo.

Colgué el teléfono llena la rabia y lo estampé contra el colchón con todas mis fuerzas mientras gritaba, presa de la más asfixiante impotencia.

¡Cobarde de mierda! ¡Aaaaarrrrrgggggghhh! Y de nuevo esos pensamientos en mi cabeza. Definitivamente me había quedado sin él. Ya no estaba. Se había esfumado. El vacío se transformó en un miedo tangible a la soledad. Ni siquiera hablar con él me aliviaba la sensación de desamparo. Me había llamado para explicarse, pero no me había explicado nada. ¿Dónde estaba la capacidad comunicativa que me enamoró? No entendía nada. Recapitulé, recorrí con mi memoria los dos años que habíamos compartido y sentí con una claridad abrumadora que todo había sido mentira. No es que él me hubiera engañado. Es que yo me había enamorado de algunas partes, las otras las había dejado en la sombra y creé una ficción (soy una experta en montarme películas) a partir de lo que a mí me gustaría que fuera. Tiendo a enamorarme del potencial de las cosas en lugar de cómo son realmente. Y, claro, me doy unos batacazos dantescos cuando la vida me retira la venda de los ojos. Eso había sucedido: me di cuenta de que Jan en mi mente era un hombre culto, sensible, maduro, tranquilo. Y, al caerse el velo, vi por fin a un Jan cobarde, capaz de abandonarme e incapaz de comunicarse, de acompañarme y de sostenerme. Tendría que sostenerme yo sola y, la verdad, no tenía ni idea de cómo hacerlo. Nunca me había planteado que necesitara un suelo y unas paredes que me mantuvieran en pie a nivel emocional, siempre había dado por hecho que estaban ahí. ¿Sabes eso de que no sabes lo que tienes hasta que lo pierdes? Pues yo acababa de darme cuenta de la importancia de tener una salud emocional bien construida, de lo esencial que era no dejarla en manos de otro, aunque la mayoría de las veces es lo que hacemos de forma inconsciente. Aparece un Jan de la vida, te da la sensación de que te reconoces en él y en cuanto hace, proyectas en su persona todo lo proyectable, tienes la certeza que la conexión ha sido mágica y de repente: ¡ZAS! Sin percatarte de ello ya le has cedido todo tu poder. Su imagen se apodera de tus pensamientos día y noche, condicionas y modificas tus acciones, relegas a un segundo, tercer o cuarto plano todas las cosas y personas que hasta entonces ocupaban el primer lugar. Y ese Jan pasa a reinar en tu centro emocional. Es como si lo llevaras dentro en una urna al lado del corazón, girando e irradiando luz, encerrado entre la caja de tus costillas. Vas a la compra y lo llevas dentro, vas al trabajo y lo llevas dentro, sales con tus amigos y lo llevas dentro. Y de pronto, un buen día, sin previo aviso, te levantas y la urna está rota y vacía. Y hay un gran hueco en la caja de tus costillas que se traslada hasta el estómago, que sangra por los pedazos afilados de la urna rota y pierdes hasta el hambre. Sangra también el corazón, que se queda huérfano. Sientes que ya nada irradia luz en tu centro y la fuente de tu energía vital ha desaparecido. Te han quitado la batería, la dinamo que generaba todo el movimiento alrededor. Pero desde fuera te dicen que la vida sigue, que ya se te pasará, que ese tío es un idiota y no te merece, que Río tú vales mucho y lo vas a pasar genial sola en París. Y yo los maldije a todos porque no me estaban viendo por dentro, porque las palabras que me decían les servían para aliviarse a sí mismos, pero a mí me resbalaban, porque lo único que verdaderamente tenía sentido era ese vacío interno que no tengo ni idea de cómo llenar yo sola, porque estaba sola y porque seguía sin entender cómo, siendo una experta en ficciones, he sido capaz de ser la estrella protagonista de una de ellas sin ni siquiera darme cuenta. Sonreí y pensé en lo peculiar que es la vida al recordar mi último libro: una defensa a ultranza de la soledad serena y empoderante, y la cantidad de charlas inspiradoras que había compartido con Jan a lo largo del proceso creativo del mismo. Había escrito ese libro a su lado, acompañada de sus reflexiones, y ahora me había abandonado. Supongo que cualquiera pensaría que alguien que ha escrito un libro así es una persona fuerte, capaz de estar sola sin sentir el vacío. Nada más lejos de la realidad. Por lo menos no en ese momento.

La conversación con Jan a primera hora de la mañana me había dejado mal. Estaba llena de frustración y de rabia. Otra vez. Ya no sabía si era mejor estar enfadada o triste. Creo que estar rabiosa me sentaba mejor, porque era como llenar el hueco dejado por la urna rota con fuego que expulsaba por las orejas y por la boca. Me preparé un café con una de las cápsulas de cortesía que había al lado de la cafetera y calenté una taza de leche de avena que la noche anterior, antes de regresar al apartamento, había comprado junto a otras cosas en un supermercado pequeño justo enfrente. Tosté una rebanada de pan y le puse medio aguacate encima. Pensé que, si me esforzaba un poco y le ponía empeño, tal vez pudiera lograr darle un pequeño giro a un día que no había empezado nada bien. Era la primera vez que comía en el apartamento y eso lo convertía un poco en *casa*, di un paso más en mi relación con ese lugar. Aún me quedaban unos cuantos días por delante entre aquellas cuatro paredes, así que cualquier pequeña cosa que ayudara a crear familiaridad y hogar, me era muy curativo.

Justo cuando iba a salir me llamó mi hermana Lau. Me senté de nuevo en el sofá, quería disfrutar de la conversación con ella durante un rato, ya que hacía días que no hablábamos. Decidimos hacer una videollamada para poder *vernos*. Me vendría bien desahogarme con alguien de confianza tras la absurda y frustrante conversación con Jan. Mi hermana es, sin duda, una parte imprescindible de mi vida... Estar junto a ella, hablar con ella o el simple hecho de sentirla cerca siempre me ha causado paz. Ella es *casa*, con ella puedo ser yo sin tener que esforzarme en ser nada más que eso, con ella puedo mostrar mi auténtica verdad, guste o no guste. Y, además, por triste que sea aquello de lo que hablamos, siempre me hace reír. Despotriqué sobre Jan hasta que me cansé y luego le conté sobre el vuelo, sobre mi torcedura de tobillo, sobre las incontables maravillas que pude disfrutar en el Museo de Orsay, e incluso le hablé de la tormentosa relación entre Camille y Rodin... Lau no tiene la misma afición al arte que yo, pero le encantan las historias. Siempre ha sido así. Cuando éramos pequeñas y ella no podía dormir, me pedía que le contara cosas. Daba igual si me las inventaba y no importaba de qué le hablara, ella solo quería escucharme. Como yo iba un curso por delante, a menudo aprovechaba para contarle lo que había aprendido en el colegio... Desde entonces lo hemos seguido haciendo siempre, porque dice que le relaja escuchar mi voz... Sin embargo, ese día la relajada era yo, fue un alivio hablar con ella.

Después de casi una hora en la que mi estado anímico fue mejorando poco a poco, nos despedimos y decidí retomar mi mañana. Era domingo, hacía sol y estaba en París. No tenía nada planificado. En realidad estaba todo planificado, pero no estaba cumpliendo nada de lo que preparé con ilusión desde Barcelona. Fluía al ritmo de los impulsos de mi cuerpo y de mi mente, aunque sin dejarme arrastrar por la tristeza que a menudo me invadía. Aquella mañana, tras la conversación con mi hermana, decidí que dedicaría el día a pasear por el Montmartre de Amélie Poulain. Otra película para enamorarse de esta ciudad y de Audrey Tautou para siempre.

Salí del apartamento y eché a andar. Por un momento el sol me deslumbró. Qué regalo y qué milagro ese sol de noviembre en París. Sabía más o menos hacia dónde tenía que dirigirme.

Tenía un rato caminando hasta el barrio de los artistas por excelencia, pero no tenía prisa. Una de las ventajas de estar sola era precisamente esa, poder ir a mi ritmo, no estar pendiente de nadie y tomar el itinerario que más me apetecía, sin preguntar y sin necesidad de llegar a acuerdos. Que sí, que compartir es amar, pero callejear libre como un pájaro es un regalo del cielo si estás sereno y en paz con la vida, aunque no era exactamente mi caso en aquel momento. Lo que sí tenía claro era que antes de llegar al barrio al que me dirigía necesitaba otro café. Uno de verdad, de los buenos. De los míos. Con avena y mucha espuma.

Como por arte de magia, la vida me llevó hasta un local precioso y muy pintoresco, una cafetería llena de luz, madera, objetos antiguos y plantas, en la que me adentré sin pensarlo. Tuve la absoluta certeza, al ver que estaba lleno de extranjeros y que tenían platos como *Açai Bowl* o *Tostadas de aguacate*, de que también tendrían mi bebida vegetal preferida. Y así fue. El día seguía mejorando, teniendo en cuenta su avinagrado inicio.

Tras pedir en la barra, decidí sentarme a una mesita pequeña de madera, ubicada en un rincón al fondo. Era baja y redonda y parecía que tuviera cien años. Estaba agrietada, llena de rasguños como heridas producidas por los golpes y por el paso de un tiempo que, insolente como es, jamás perdona. Acaricié de forma mecánica pero con mucha ternura una de sus grietas, lentamente, con la yema de mi dedo corazón. Me preguntaba si habría sufrido, si le habría dolido cuando la hirieron así... Sentí una conexión extraña con esa mesa, la sentí vulnerable pero fuerte, resiliente... Tal vez yo también era así... De repente, el chillido ensordecedor y penetrante de un bebé que parecía haber sido poseído por el mismísimo demonio hizo que me sobresaltara. Casi se me cae el móvil de la otra mano del susto. Aproveché para desbloquearlo y revisar mis correos mientras esperaba mi ansiado café con avena. Tenía un correo de Jan.

Vaya... Lo abrí de forma automática, sin pensarlo ni reflexionar en si tal vez fuera mejor dejarlo para más tarde... Y me quedé atónita. Congelada al instante por la frialdad de sus palabras. No había en él ni la más mínima compasión.

Aun sin haberme dado explicación alguna, se limitaba a decirme que comprendía mi tristeza y que lo mejor para ambos era poner más distancia. Luego me proponía una forma de que le acabara de devolver sus cosas. ¿PERDÓÓÓÓÓN? Cada vez me costaba más contener la rabia y la frustración que sentía. *Jan, te sigues superando, chico...*, pensé. No podíamos seguir así. Ese mensaje me reafirmó en que había hecho bien en colgarle por la mañana. En realidad, al hacerlo le había dicho (a él y a mí misma) muchas cosas. *Hasta aquí, me cansé. Este silencio con el que me castigas ya no puedo soportarlo.* Lo hice convencida y por desesperación, para generar cambios y permitirle a la vida fluir, ya que estaba estancada entre nosotros.

Es curioso, porque cuando estás así sientes la necesidad de que la otra persona lo sepa, de que sepa lo que sufres, lo mal que estás, lo que te cuesta soportarlo... Es como si pensaras que si lo sabe, tomará consciencia de la magnitud de tu dolor y eso le hará volver, y por ese motivo tratas de buscar el contacto, de hacer gala de tu enorme sufrimiento. ¡Qué ilusos somos! Lo único que consigues así es dar lástima, dar pena y que la otra persona se sienta un poco más culpable. Pero, más allá de eso, sus sentimientos no cambian por verte de esa forma, en realidad solo crece su rechazo hacia ti.

Me daba cuenta de que hasta ese momento había sido y me había mostrado débil. Había actuado como una víctima desvalida e incapaz de volver a ponerse en pie, tal vez para demostrarle cuánto lo necesitaba para conseguirlo. Hice lo que jamás hay que hacer: vendí mi alma a la dañina esperanza vacía y sin voz, esa que se ríe de ti sin que ni siquiera puedas detectarlo, esa que es capaz de hacer que te arrodilles ante ella suplicando un poco de amor, un poco de compasión, un atisbo de interés, un ápice insignificante de clemencia, algo que te ayude a mantenerte viva... Y, a pesar de tanto drama y tan poca empatía, al final te acabas bebiendo tu propio veneno, te acabas tragando tu propia impotencia y escupiéndole a ese silencio desgarrador que te perfora por dentro.

La esperanza me había llevado a imaginar una reacción de interés por su parte, una respuesta de preocupación por mí, de necesidad de contacto, de miradas, de voces, de piel. Una llamada de arrepentimiento, una aparición inesperada. Pero no. No fue así. De hecho me daba cuenta de que, en el fondo, mi decisión de tratar de cerrar esa puerta al colgarle esa mañana no le podía venir mejor. No rechistó, no titubeó, no luchó lo más mínimo, no se negó. Justo al contrario. En apenas media hora me había enviado un correo acordando la gestión de los últimos intercambios. Sin verme, claro está. No fuera a hacerle daño... ¿Cómo se puede ser tan ruin? ¿Tan cobarde? ¿Tan desgarradoramente cruel? Y lo peor de la historia es que, en su mundo, contaría otra versión. Que estaba muy mal, que me amaba tanto, que se había alejado en realidad por amor a mí... ¡Y un cuerno! Cobarde de mierda.

Y eso dolía. Sí. Dolía tanto, tanto, tanto, que cuando me permitía sentirlo con toda su profundidad, me parecía que me ahogaba entre la desesperanza y la decepción. Y la traición. Tantas palabras vacías, tantas horas compartidas que resultaron ser meros disfraces, tantos decorados de cartón que se esfumaban con la suavidad de una brisa... Así de liviano era todo, así de volátil, así de falso.

Así era él. Parecía enraizado, firme, profundo, suave y cálido, pero, al mostrarse de verdad, era extremadamente frágil, endeble, lleno de espinas y más frío que el mar traicionero que te arrastra con fuerza para dejarte después tirado en el regazo de cualquier orilla remota y desolada.

Respiré profundo. Agarré el café que, sin apenas darme cuenta, alguien me había dejado en la mesa mientras estaba absorta en mis propias reflexiones. Me levanté, le pedí a un camarero que me lo pusiera en un vaso para llevar y decidí continuar mi día con una actitud renovada. Igual que cuando, después de sentirte extremadamente mareado, logras vomitar y de inmediato empiezas a sentirte mejor. Pues así.

Salí de la cafetería y empecé a adentrarme por las callecitas adoquinadas de Montmartre. Ya eran casi las doce del mediodía. El barrio estaba concurrido. El sol había animado a salir a todos los indecisos y hacía un día precioso. Callejeé sin rumbo durante bastante rato, girando a izquierda o derecha en función de cómo soplara el viento, el sonido ambiente o mis ganas. La dirección y el ritmo los marcaba el momento y, conforme caminaba, me empapaba conscientemente del aire de la bohemia parisina por excelencia. A finales del siglo XIX los cabarets y los burdeles proliferaban en esas calles; ahora lo hacían los restaurantes y cafés. Qué cantidad de obras se habrían gestado en aquel lugar, cuántas batallas dialécticas, debates sobre arte y amores apasionados habrían dado lugar a cuadros, poemas, peleas… ¿Por qué me fascina tanto ese espíritu artístico que se respira en París? No tengo ni idea, pero aquel mediodía en Montmartre arrinconé de nuevo el dolor y la rabia de la ruptura con Jan gracias a ello. Creo que incluso sonreí.

Me acordé de que Charles Aznavour, a quien siempre me había gustado escuchar cuando me sentía nostálgica, dijo una vez que le daba pena que los jóvenes no pudiéramos descubrir el Montmartre más auténtico y original. Aunque también es cierto que al pasear por allí es como si se pudiera sentir la esencia de todo lo que esas calles callaban, las fiestas y la vida de los locales que habitaban esas colinas tan húmedas como erguidas. De hecho decidí ponerme los cascos y escuchar *La bohème* mientras me deslizaba por ellas.

De repente, una librería caótica y preciosa me atrajo a su interior de forma inevitable. Estaba en una afilada esquina y era del tamaño del comedor de mi casa. Me acordé de Mel. ¿Cómo estaría? Siempre me daba pena dejarlo solo cuando me marchaba, pero por suerte mi hermana se había trasladado unos días a mi apartamento para ocuparse de él. Eso me tranquilizaba. Yo no lo sabía aún, pero luego me contó que también lo había hecho porque pensaba que a mi llegada, el vacío de las cosas de Jan quizá se haría menos evidente si estaba ella esperándome.

Aquella librería estaba especializada en temas esotéricos. Había libros de astrología, de espiritualidad... Había una estantería entera repleta de volúmenes sobre brujas y, aunque el tema no me interesaba nada, algunas cubiertas eran realmente preciosas. En la puerta colgaban unas esferas de cristal que, al entrar en contacto con los rayos de sol, emitían destellos de colores en el interior. Era un lugar especial, mágico. O por lo menos yo lo percibía de ese modo. Era un lugar antiguo, marrón, polvoriento. Lo regentaba una señora de apariencia apacible que leía tras una mesa repleta de libros. No levantaba la vista ni para atender ni para vigilar. Qué maravilla poder confiar en la vida con semejante serenidad. Qué forma de estar en el mundo tan sosegada. Podría haberme quedado mirando a aquella mujer. Mirarla me hacía bien. Eso era lo que yo ansiaba: esa paz, esa despreocupación, dejar de sufrir por ese vacío que me apretaba el pecho y que, de vez en cuando, me recordaba que seguía ahí.

Salí, seguí caminando. Pasé por delante del *Mur des Je t'aime,* una pared de cuarenta metros cuadrados donde un artista había escrito «Te quiero» en trescientos idiomas distintos. Me desvié un momento hacia el Moulin de la Galette y, al plantarme ante él, me sucedió lo mismo que con *El Pensador* de Rodin. Había visto tantas veces aquella pueril estructura de madera que tenerla ante mí me emocionó. Aquel molino de cuento protagonizaba uno de mis cuadros favoritos de Renoir. Ay, Jan, ¡cuántas cosas te estabas perdiendo! En aquel momento entendí que había sido una decisión acertada viajar sola a París, a pesar de haber tenido que enfrentarme a la melancolía más real a la que había hecho frente en toda mi existencia. Llevaba toda mi vida soñando con viajar a la capital parisina, no sé por qué había esperado tanto. Supongo que inconscientemente ansiaba compartir esta ciudad con la *persona adecuada,* pero allí, frente al Moulin de la Galette, me di cuenta de algo fundamental: que la persona adecuada era yo. En ese preciso instante lo comprendí. Con Jan no hubiera podido visitar la mitad de las cosas que estaba viendo, ni callejear sin un objetivo, y era justo esa falta de rumbo y de control lo que me estaba permitiendo encontrar cosas que de verdad me emocionaban, por bellas, pero sobre todo por inesperadas.

E inesperado fue también el siguiente encuentro. Me dirigía hacia la basílica del Sacre Coeur, que reinaba majestuosa en lo alto de la colina, y en la parte baja, justo al pie de las escaleras, se acumulaba todo el gentío que uno pueda imaginar, por lo que tuve que ir esquivando un montón de personas para poder acceder a la escalinata. Bordeé el carrusel clásico, de adornos azules y dorados. Cuánta poesía en aquel tiovivo, me lo imaginaba girando con una música circense y repleta de niños gritones que comían chucherías, enormes piruletas de espirales rojas o nubes más grandes que sus cabecitas llenas de tirabuzones. Niñas y niños antiguos, de esos que salen en las fotos de principios de siglo en blanco y negro o en color crudo, con sus vestidos de domingo y sus zapatos impolutos. Tras esta bucólica película fruto de mi imaginación, una música real me devolvió a la vigilia. Sonaba una melodía que conocía muy bien. Las notas de una guitarra saltaban a mi alrededor interpretando la inconfundible introducción de *Óleo de mujer con sombrero* y se me humedecieron los ojos al instante. Esa mujer era yo, Silvio Rodríguez había descrito en esa canción a la Río huidiza, romántica y esquiva con la que siempre me había identificado, aunque en ese momento estuviera enfadada, abandonada y desesperada. Busqué con la mirada el lugar del que provenía la música. Y sí, ahí estaba él, con su pelo rojo y sus manos vivas acariciando aquella guitarra destartalada mientras cantaba con los ojos cerrados *una mujer con sombrero, como un cuadro del viejo Chagall, corrompiéndose al centro del miedo y yo, que no soy bueno, me puse a llorar, pero entonces lloraba por mí, y ahora lloro por verla morir.*

Esperé inmóvil a que terminara, escuchando con deleite la entonación, cada palabra, e intentando captar el espíritu y la nostalgia de aquella canción. La gente se movía alrededor y yo estaba allí, plantada, toda vestida de negro y absolutamente incapaz de moverme. Cuando terminó, abrió los ojos y agradeció los aplausos. Se percató de inmediato de mi presencia, le lancé una sonrisa de agradecimiento sincero y él me la devolvió con una reverencia.

—¡Salió de entre las sombras! —dijo en español dirigiéndose al público.

¡Se refería a mí! Aunque no me había señalado, sabía muy bien que lo decía por mi atuendo y por la oscuridad que probablemente desprendía. Me sentí avergonzada y desaparecí instantáneamente. El hecho de que ese chico me estuviera *viendo* y que me regalara esas sonrisas me producía una mezcla de sensaciones a las que no me apetecía hacer frente, no estaba preparada para eso... Subí las escaleras en dirección al Sacre Coeur muy rápido, no me giré en ningún momento hasta que llegué arriba. Era una mancha negra por la gran escalinata blanca. Su guitarra empezó a sonar de nuevo, pero yo ya estaba demasiado lejos.

Llegué al apartamento antes de cenar y comí lo que me había quedado del desayuno, para no volver a meterme en la cama otra vez con el estómago vacío. Estaba agotaba, llevaba todo el día caminando. Aunque es cierto que aquel domingo resultó ser reparador. En ese momento no lo vi, pero hoy sé que después de ese día una de las pequeñas grietas de mi corazón se empezó a cerrar.

Cogí el móvil y le envié a Lau un par de fotos de mi aventura en Montmartre. Le parecieron preciosas. La verdad es que no estaba haciendo fotos, ni me acordaba, le pasé las únicas dos que había hecho ese día. Me dijo que estaba en mi casa y me envió unos vídeos de Mel. ¡Qué ganas tenía de abrazar a mi precioso peluche viviente! Mi fiel compañero. Su pelo largo y negro, su nariz chata, sus ojitos color miel y ese cariño infinito que me transmitía siempre... Era lo más dulce y mimoso que había conocido jamás... Entonces vino la información delicada.

«Río, Jan terminó ayer de llevarse todas sus cosas», me escribió.

Y a mí se me volvió a abrir la grieta que había empezado a cerrarse.

«Ok», respondí.

Al rato me volvió a escribir:

«¿Quieres que mueva algunas cosas tuyas para que no se vea tanto el vacío?».

Y entonces me eché a llorar.

«No sé. Haz lo que quieras», respondí.

«Bueno, tranquila, aún faltan días, sigue disfrutando de París, hermanita. Si quieres que haga algún cambio en tu casa, me lo dices. ¡Mel y yo estaremos esperándote cuando vuelvas!».

Ella siempre tan pendiente de todo. Sabía que las estanterías vacías del comedor, en las que estaban los libros de Jan, o su parte del armario y las paredes donde estaban colgadas sus enormes fotos se habían quedado demasiado huérfanas y verlo quizá pudiera agudizar el dolor y la sensación de abandono. Aunque en realidad yo sabía que el espacio, igual que el vacío, era algo bueno, algo que permitía que apareciera lo nuevo, lo distinto, lo sorprendente, lo que nos permitiría aprender, seguir creciendo y conocernos mejor. Bueno, en ello estaba, tratando de sentir y creerme de verdad esa teoría que dentro de mi cabeza tenía todo el sentido del mundo, pero que luchaba para que se asentara definitivamente en mi corazón.

«Tranquila, no toques nada. Cuando vuelva readaptaré la casa a mi vida sin Jan. Gracias, Lau. Te quiero».

Ya en la cama y tras darme cuenta de que esa conversación con Lau me había desvelado un poco, decidí coger mi libro salvavidas e ir directamente a un texto que había escrito en él sobre la recuperación tras la ruptura. Seguía sin dar crédito a cómo me estaba sirviendo mi propia voz, mi propio libro... No tardé más de seis o siente párrafos en quedarme completamente dormida, mientras empezaba a sentir por fin algo parecido a la paz, después de tantos días deseando que me visitara...

LA RECUPERACIÓN

Estoy bien sola. No siento que necesite a nadie ni mucho menos me siento sola. Estoy conmigo y eso me gusta. Paseo a mi ritmo y no me siento mal porque sé y siento que hay gente que me quiere y porque sé que muchos sienten y viven lo mismo que yo, me entienden, entienden mi dolor. Pero entonces ... ¿Qué es lo que duele?

Duele la muerte de nuestras rutinas en compañía, de nuestros planes aniquilados, duele saber que estarás mejor sin mis besos, y que tus atardeceres ya no formarán parte de mí.

Duele la ausencia de tu presencia, el vacío de nuestros espacios en común, las baldosas huérfanas de tus pasos y los silencios cobardes de lo que no te atreviste a decir.

Duele el recuerdo de tus abrazos sinceros y esa bondad tan extrema que no supiste medir, duele escuchar tu voz cuando me echabas de menos, duelen tantas palabras sin peso, duelen tantos momentos sin luz.

Duele que, de repente, el todo se quede en nada, duele todo lo que callas, duele esa asfixiante ausencia y ese murmullo etéreo que construye mi mente para salvarme de ti...

Te pierdo... me alejo... y sin embargo te sigo sintiendo aquí... llegaste para quedarte, pintaste mis lienzos con magia y de repente te has ido sin más.

Pero, aun así, debo decir que no siento mis alas rotas. Tú ya no las peinas, pero yo las sigo cuidando. Con mimo, con cariño y con destreza, ellas son mi luz y mi magia, mi fuerza y mi voz. Es cierto que a veces hay días que son más complejos, me olvido de ellas y ya no veo su brillo, pero, si estoy atenta a la vida, siempre hay algo que me ayuda a volver a verlas, a sentir su fuerza y su valor.

ANÁLISIS DEL PROCESO (V)

Cuando tu pareja te ha dejado (porque ya no te ama, al menos no como pareja), es importante entender por qué debes intentar respetar el contacto cero. Cada vez que Río habla de nuevo con Jan la consecuencia es una discusión y una dosis descontrolada de malestar para ella. Está claro que en su caso es peor que en otros, porque sigue sin recibir una explicación coherente que la ayude a colocar de forma correcta todas las piezas del puzle. Eso le permitiría ver una fotografía global de lo ocurrido. Al no obtenerlo, se siguen alimentando la rabia y la frustración. Y, por absurdo que parezca, una porción de esperanza continúa aún con vida. De esa esperanza también quiero hablarte.

Debido a que una parte de nuestro cerebro sigue fantaseando con volver a lo que teníamos, es frecuente que quien se siente abandonado cometa el error de hacer cosas como llamar al otro llorando, o enviar un audio con la voz totalmente quebrada, como un alma en pena, mostrando por los cuatro costados que se siente destrozado, explicando que no levanta cabeza, que su vida es un infierno y que cada día está peor. Esto no se hace de forma consciente, pero es algo bastante habitual. Lejos de aportar nada positivo, lo que se consigue es dar pena y, en consecuencia, que la otra persona aún sienta más rechazo. A lo mejor se sentirá un poco culpable por ser la causante de nuestro lamentable estado, pero eso no alimenta ni restituye el amor que algún día sintió. Justo al contrario, solo le crea más ganas de alejarse. Y está claro que quien se muestra así, lo que consigue es perder por completo la dignidad y, a continuación, sentirse mucho peor por ello.

El problema principal en una situación como la suya es que Río percibe su realidad como una injusticia. Como un maltrato. Como una traición. Como un engaño. Como si le hubieran estado tomando el pelo y ella no se hubiera dado cuenta. Esa sensación de fraude imprevisto que nos desconcierta es complicada de gestionar. Pero, aparte de ser complicada, también hace que se perpetúe aún más en el tiempo la tormenta emocional. Esas conversaciones esporádicas, lejos de aliviar, envenenan más, porque a pesar del contacto y la interacción, no se aclara nada, no se obtiene ninguna respuesta a las preguntas. En el caso de Río, el silencio y la actitud de Jan intoxican de nuevo la herida y hacen que esta no deje de doler.

No siempre es así. En muchas ocasiones tener la oportunidad de hablar de lo ocurrido, de que la otra persona se exprese con total sinceridad (nos guste o no lo que vayamos a escuchar) nos permite avanzar en el proceso de duelo. Y es que, al fin y al cabo, el proceso de duelo hay que transitarlo sí o sí, nadie nos va a ahorrar ese camino. Pero es muy distinto ir avanzando por él paso a paso, sin apenas detenernos, aunque duela, que quedar atascados en una de sus fases (como la rabia o la negación) sintiéndonos desarmados y perdiendo la fe. Cuando avanzas, lo sabes porque poco a poco te vas sintiendo mejor. Ligeramente mejor. Extrañamente mejor. Cuando te estancas, sin embargo, tu rabia se enquista, tu tristeza no te suelta y tu mente no es capaz de salir de esa historia.

En este capítulo podemos ver cómo nos cuesta dejar de negar lo que es evidente y soltar definitivamente la esperanza de volver. Aunque la realidad que tenemos delante nos esté hablando con una claridad ensordecedora, no la queremos aceptar. De ninguna manera. Elegimos el autoengaño y este perpetúa el dolor. Debemos tener en cuenta que cuanto antes nos atrevamos a asumir lo que está ocurriendo, antes empezaremos a liberarnos de ese peso innecesario y podremos dirigirnos hacia la aceptación, la única que nos va a sanar de verdad.

A pesar de la negación, de las falsas esperanzas que alimentamos sin remedio y de las conversaciones innecesarias por absurdas o vacías, si seguimos adelante sin detenernos, llega un instante en el que regresan esos destellos puntuales de liberación, ese amago de alivio en el que se intuye color, paz e incluso algo de ilusión que deambula tímida entre nuestros pasos. Avanzar. Avanzar. Avanzar. Hacer cosas nuevas, estar en contacto con nuestros seres queridos, dejarnos abrazar y esforzarnos en abrir los ojos de verdad para ver todo aquello por lo que deberíamos estar agradecidos. Son las herramientas infalibles para sanarnos y sentirnos mejor.

Por último, también quiero destacar que es muy positivo resolver el máximo número de cosas lo antes posible. Recoger lo que pertenezca a cada uno, repartir lo que tengamos a medias, liquidar deudas, vender, comprar o tirar lo que haga falta. Aunque es cierto que el hecho de que quede algo por resolver nos alivia, porque nos hace sentir que no está todo acabado, que aún hay algo que nos une y que, por ello, tal vez haya esperanza, la realidad no es así y, si queremos estar bien, el único camino posible es aceptar cuanto antes la auténtica verdad. Que todo acabó.

DÍA 4 D. P. - LUNES

Frente al sentir general, los lunes me gustan, me gustan mucho. Me ilusionan. Sé que suena raro, pero no podría vivir bien si sintiera que los lunes son el inicio de algo largo y sombrío. Tengo la suerte de que me gusta mi rutina, mi actividad y mi trabajo, y los lunes simbolizan el comienzo, el nacimiento de un montón de posibilidades en expansión.

Normalmente me despierto con energía, dispuesta a comerme el mundo, pero ese día era diferente, parecía que el mundo me estaba comiendo a mí. Aun así, el hecho de iniciar una nueva semana me despertó cierta dicha, pequeñita, aunque dicha al fin y al cabo. Estaba en París, el gris había vuelto a envolverlo todo, pero ese pequeño halo de energía que sentí me empujó a levantarme temprano. Desayuné en el apartamento y luego pasé a tomarme un café en el bar de Manon. Había bastante gente, así que apenas pudimos hablar, aunque me lanzó una sonrisa sincera cuando me vio entrar por la puerta.

—¿Cómo estás? —me preguntó.

—Bien… Empezando a amar esta ciudad, aunque me esté costando la vida.

—El otro día pensé en lo que me dijiste sobre tu ex —dijo Manon.

—¿Qué?

—Dijiste un montón de cosas en las que creo que tienes que reflexionar, no para conseguir nada, sino para deshacerte de ellas. —Seguía sin saber a qué se refería.

Dijiste que te gustaría volver atrás y haberte dado cuenta de que él no estaba bien, y que querías abrazarlo y despertarte a su lado y que nada de esto hubiera pasado —explicó Manon.

—A veces tengo esos pensamientos de desesperación, sí —dije—, aunque soy consciente de que no son muy sanos.

Alguien le reclamó algo desde la barra. Me miró fijamente y señaló con el dedo, dándome a entender que lo que iba a decir era importante y que no tenía más tiempo para seguir hablando.

—A lo largo de mi vida he aprendido pocas cosas, pero una de ellas la tengo muy clara. Y es que si necesitas comunicar algo, debes hacerlo, no te lo guardes. Háblalo. O escríbelo. No importa cómo lo reciba la otra persona. Ni siquiera importa si lo acaba recibiendo o no. Lo importante es que salga de ti, que lo saques de dentro, que lo expulses fuera, que no te lo quedes ahí —dijo mientras apuntaba a mi corazón—. Lo que nos guardamos se enquista o se pudre y nunca nos acabamos de librar de ello. Dile lo que sientes, lo que sea que necesites decirle. Aunque no se lo digas directamente a él. Por supuesto, no importa en absoluto cómo se lo tome. Importa lo que tú necesites. Nada más. Y, de nuevo, ni siquiera hace falta que a él le llegue tu mensaje, es algo que debes hacer para ti, ¿me comprendes?

Y tras soltar esos valiosísimos consejos como si nada, dio media vuelta y se puso a hacer cafés, como si no acabara de darme una clave valiosísima que a partir de entonces se convertiría en costumbre en mi vida. Me quedé pensando un buen rato en lo que me había dicho. Manon tenía razón. Muchas veces me guardo las cosas porque creo que el otro va a pensar que soy una intensa o una pesada o una loca. Pero en realidad es lícito que pueda decir lo que siento. Y es cierto que al no hacerlo estoy poniendo al otro por delante de mí, otra vez. Yo necesitaba hablarle a Jan, hasta entonces solo lo había hecho desde el enfado, pero necesitaba decirle que estaba dolida. Sacar todo lo que tenía dentro y no dejar nada importante sin expresar. Eso es, no dejar nada sin decir. Con amor o sin él. Pero limpiarme por dentro.

Salí al gris de la calle y empecé a andar mientras escuchaba *Ma solitude* de Georges Moustaki. Escuchaba esa letra mientras mis ojos se llenaban del gris que me rodeaba, de personas aparentemente opacas, pero llenas de vida que se movían al ritmo de sus pasos, sumergidas en sus pensamientos, que caminaban hacia algo que amaban o simplemente dejándose llevar, tal vez resignadas, tal vez agradecidas, tal vez tristes y sombrías o conscientes de toda la belleza que habitaba a su alrededor. Cada persona elige de qué color quiere ver el mundo... Y recordé esas palabras que tenía anotadas en un pósit, en casa, al lado de mi ordenador: «Si algo no va bien, es mi responsabilidad decidir qué puedo hacer para mejorarlo». Qué simple parecía y con qué facilidad caíamos en el rol de víctimas desvalidas a las que las cosas *simplemente les pasan*. Estaba ya bastante harta de ese rol que solo me producía malestar e incomodidad... Decidí centrarme en inhalar cada bello detalle que me regalaban las imágenes a mi alrededor.

Callejear se había convertido en mi forma de ir por el mundo esos días. París era eso, era nuevo para mí, y me gustaba. Aquella mañana decidí dirigirme hacia el Barrio Latino, en el quinto distrito, directa a una de las universidades más famosas del mundo, una verdadera cuna del conocimiento, un lugar que albergaba sabiduría, pero, sobre todo, al espacio físico en el que se conoció una pareja que hizo de la libertad su prioridad y su bandera, sin dejar de estar ni de acompañarse nunca. La vitalidad estudiantil se respiraba por todo el barrio, repleto de librerías, escuelas, institutos… Mochilas, carpetas y risas llenaban las calles de vida en un lunes supuestamente gris en el que el tráfico y el sonido de los cláxones ponían de su parte para recordar que la vida estaba empezando de nuevo esa mañana.

Cuando llegué a La Sorbona eran casi las once. Mientras rodeaba sus fachadas respiraba hondo, intentando captar una micromillonésima parte de la historia que albergaban sus muros. Simone de Beauvoir y Jean-Paul Sartre estudiaron filosofía en sus aulas, pasearon por estas calles infinitas veces intentando desentrañar los misterios del pensamiento y del amor. Y respecto a este último vivieron tal como pensaban, desarrollando una relación, para ellos completa, basada en la libertad del individuo y la igualdad total. Qué fácil decirlo con palabras. Los unía la forma de ver y entender el mundo y la escritura, y eso les bastó para darse cuenta desde el principio que podrían tener, el uno con el otro, la relación que realmente deseaban, impregnada de transparencia, comunicación honesta y los mismos valores.

Cuando se conocieron, ella tenía veintiún años, y Sartre, veinticuatro. Me los imagino viéndose y hablándose por primera vez, el uno delante del otro, sin tener ni idea de que se convertirían en una de las parejas más famosas y poco convencionales de la historia contemporánea. Sin saber que ese día se iniciaba una relación de amor e intercambio intelectual que duraría más de cincuenta años. Sartre y Beauvoir fueron auténticas estrellas del rock en los setenta, y es que entonces ser escritor y pensador era lo más *cool* que se podía ser. Si además eran capaces de practicar el amor libre sin ansiedades ni apegos ni dolores, y, sobre todo, sin dejar de quererse, eso les convertía, a mi parecer, en seres humanos sobrenaturales. Frente a los muros de aquel edificio pensaba que imaginar a Jan con otra mujer sería espeluznante. Captaba y entendía el discurso del amor libre, y en un mundo ideal y quizá algo utópico tal vez pudiera funcionar, pero en este yo no podría Simone, yo no podría.

He leído algunos libros de Simone de Beauvoir y también leí a Sartre en mis años de universidad, un libro llamado *La náusea*. Pero es la escritura de ella la que más me conecta y me mueve. Simone adoraba París, era consciente del peso que tuvo en su desarrollo y crecimiento personal e intelectual. Escribió en *La plenitud de la vida*: «París me parecía el centro de la tierra; yo desbordaba de salud, me sobraban ratos de ocio y había encontrado un compañero de viaje que caminaba por mis propios caminos con un paso más certero que el mío; yo podía esperar, gracias a esas circunstancias, hacer de mi vida una experiencia ejemplar donde se reflejaría el mundo entero». París era para mí también el centro de la tierra en aquel momento, un centro de la tierra solitario que estaba explorando mientras arrastraba mis penas en la ciudad más bonita del mundo; también me sobraban los ratos de ocio y eso, cuando estás triste y abandonado, es una circunstancia que carga el diablo. Tenía la suerte de ser una persona activa y de estar en una ciudad plagada de tesoros que siempre había querido conocer de cerca, si no posiblemente estaría tirada por casa lamentando mi existencia y llorando en soledad sin hacer nada más que dejar pasar el tiempo, que dicen que todo lo cura. Eso dicen, y espero que así sea. Yo no tengo una vida ejemplar en la que reflejar el mundo entero, como Simone, mi único deseo es compartir una experiencia que abrigue a quien me esté leyendo. Por eso cuento mi historia, por momentos llena de desesperación y de vacío, por si hay alguien que se siente igual y a quien mis palabras y mi experiencia le puedan acompañar o incluso aliviar y hacerle ver que ese dolor no es solo suyo, que yo también lo comparto.

Tras un largo paseo atravesé los jardines de Luxemburgo. Estuve sentada un buen rato en un banco observando el entorno, mirando hacia la universidad, imaginando los cientos de miles de personas que habrían paseado por aquí a lo largo de toda la historia. Yo solo era una pequeña mota, y sentía que mis pesares me aplastaban. Por esa regla de tres, mis problemas deberían ser más pequeños o, como mucho, igual de grandes que yo. ¿Por qué tenía entonces la sensación de que pesaban tanto? ¿Por qué, si no me distraía todo el rato, mi mente se iba al espacio hueco entre mis costillas y me quedaba sin aire? Esos ratos en los que volvía a ponerse ante mí mi desgraciada situación me sentía minúscula y transparente, como si nadie pudiera verme. O a lo mejor es que, inconscientemente, lo que me hubiera gustado es esfumarme, evadirme, desaparecer, para que ese dolor se esfumase conmigo.

Comí temprano en un restaurante vietnamita que había a medio camino entre La Sorbona y mi siguiente parada, el cementerio de Montparnasse, en el número 3 del Boulevard Edgar Quinet. Estaba a unos tres kilómetros. Los lunes en París eran frenéticos, o así lo sentí yo mientras recorría estrechas calles y anchas avenidas atravesadas por un movimiento y un ruido continuos. Aquella ciudad era un organismo vivo que gozaba de una salud envidiable. Me dejé envolver por esa sensación abrumadora de movimiento hasta que me vi en la entrada principal del cementerio. Tras atravesar el umbral de la puerta, el silencio lo invadió todo.

Recordé que llevaba conmigo un mapa del cementerio con la ubicación de la tumba que deseaba ver, marcada con un círculo azul. Mi dirección era clara y, aunque no tenía prisa, decidí empezar por ahí. Me fascinaban las esculturas de ángeles y las de personas en reposo, cubiertas con telas arrugadas esculpidas en piedra. Me paraba a leer algunos epitafios, pura literatura del alma, palabras salidas directamente de corazones rotos. Había tumbas y panteones que eran auténticas odas al descanso eterno. Era difícil encontrar flores frescas o alguna mancha de color en aquel lugar, donde predominaba el gris dentro del gris dentro de un lunes de otoño en París. Pero yo estaba a gusto y me sentía liviana en aquel silencio quieto.

La tumba de Beauvoir y Sartre era sencilla, sabía más o menos hacia dónde tenía que dirigirme, pero estaba en el segundo cementerio más grande de París, donde dicen que yacen unos treinta y cinco mil cuerpos. Yo solo buscaba dos de ellos. Imaginé que distinguiría desde la lejanía la tumba, porque pensaba que estaría repleta de flores y escritos de todos los que, como yo, vamos a agradecerles sus enseñanzas, pero el caso es que cuando llegué, después de preguntar por ella a unos trabajadores que hacían labores de limpieza, me encontré ante un humilde sepulcro, con un par de ramos de flores destartalados, que apenas destacaba entre el resto. Tan solo una inscripción con letras de palo: «Jean-Paul Sartre / 1905 - 1980», y debajo: «Simone de Beauvoir / 1908 - 1986». Nacieron y murieron con muy pocos años de diferencia en la mejor época de la *ciudad de la luz*, compartieron su existencia entera. Ahora sus cuerpos yacen juntos bajo la tierra del lugar que los vio expandirse y trascender. Realmente todos somos iguales ante la muerte. Todos, sin excepción.

Saqué del bolsillo de mi abrigo una nota que había escrito para Simone la noche anterior, contándole el impacto que me había causado leer en su día su libro *La mujer rota* y explicándole que, aunque a su parecer las relaciones convencionales socavan la integridad y la libertad de la mujer, en cierta manera, muy a mi pesar, yo seguía creyendo en ellas, pues había encontrado hasta el momento en esa fórmula la mejor manera de vivir, aunque me estuviera sintiendo tan rota como las mujeres de su libro. Dejé la nota y me fui.

Tenía ante mí diecinueve hectáreas de tumbas y panteones. Un cementerio de cuerpos bajo tierra, nada de nichos apilados en vertical como edificios de ciudades muertas. En el suelo, bajo mis pies, desfilaban los restos de decenas de miles de seres que un día tuvieron sus vidas y sus problemas minúsculos que ellos verían gigantes, como yo en ese mismo instante. Pensé en que el día que esté en mi lecho de muerte, si me diera tiempo a pensar, me reiría de mi drama de pacotilla, ese que entonces me parecía un mundo, un mundo atroz y doliente y sangrante. Avanzaba por los pasillos del cementerio. Apenas me crucé con algún curioso que, como yo, estaría buscando las tumbas de sus ídolos muertos y a una mujer de melena corta que leía en un banco. Está bien que al menos tengamos un lugar donde ir a visitar a nuestros seres admirados y queridos. Yo quiero a muchas personas a las que no admiro, pero muchas veces he pensado que el amor de verdad, el bueno y sano, tiene que ir acompañado de admiración, sí o sí. Y mi problema entonces era que seguía admirando a Jan, aunque sabía que con el tiempo, ese tiempo que todo lo cura, no podría seguir admirando a alguien que me había dejado como lo había hecho él, no podría admirar a alguien que no miraba de frente a los problemas y que huía dejando a una persona que lo había querido tanto tirada como una colilla. Supe que ese día estaba muy cerca, porque lo que me quedaba eran los últimos estertores de un amor que ya estaba muerto.

De hecho es cierto que, analizándolo así, tal vez ya no era tanta la admiración que sentía por Jan… Siempre me han gustado las personas honestas, que van de frente, que exponen lo que piensan y sienten, aunque sepan que no te va a gustar. Yo admiro a las personas valientes, que se responsabilizan y agarran el timón con fuerza cuando la vida las sacude con una inesperada tormenta. Me gustan las personas que no se esconden, sino que se enfrentan, las personas que no dejan cabos sueltos ni heridas abiertas ni puntadas sin hilo ni verdades a medias. Me gustan las personas hogar, las personas abrazo, las personas hechas de sinceridad, transparencia y anhelos… Aquellas que te miran y se emocionan al verte, aquellas que, si las cosas se complican, no dudan ni un segundo en agarrarte más fuerte. Analizándolo así, con un poco de perspectiva, coherencia y sentido común, podía afirmar que la forma de ser de Jan en realidad no me gustaba. Por lo tanto, no me gustaba Jan.

¿Tal vez lo había idealizado? Sí. Tal vez, fruto del enamoramiento inicial que sufrí, traté de esconder todo lo que no encajaba conmigo, magnificando aquello que tanto me atraía y deseaba tener. Supongo que eso es lo que hacemos en las relaciones. Eso es probablemente lo que nos hace permanecer demasiado tiempo en lugares donde no somos felices y en los que, en realidad, ni siquiera queremos estar. Y luego, claro, cuando se acaban, nos parece que nos arrancan lo más valioso que jamás hemos tenido y que jamás volveremos a tener. Curioso, ¿verdad? O, más bien, ridículo. Me sentía ridícula. Muy ridícula. Bajo mis pies, más de treinta y cinco mil cuerpos que ya no estaban entre nosotros. Cuerpos que albergaban vidas de seres que un día tuvieron la oportunidad de existir, de elegir, de experimentar y de sentir, pero a quienes se les acabó el tiempo. Tanto si desearon exprimirlo al máximo como si se resignaron con autoengaños y falsas ilusiones de un futuro que solo existía en sus cabezas, tanto si supieron soltar lo que ya no era para ellos, dejando que la vida les mostrara todo lo nuevo que les quería regalar, como si no… Hicieran lo que hicieran, todo había acabado para ellos. Quién sabe si fueron conscientes de eso, de que estaban malgastando su tiempo llorando por alguien que no valía la pena, quejándose de una pérdida con la que ya ni siquiera tenían nada que ver, o si fueron, como Jean-Paul y Simone, seres que dedicaron sus días a la reflexión, tratando de tener así la mejor experiencia de vida posible.

Y fue allí, en ese preciso escenario, rodeada de cadáveres y cuerpos sin vida que sin duda un día dejaron incontables cosas por hacer, donde me di cuenta de que no quería seguir lamentando la pérdida de alguien que ya no quería estar a mi lado. ¿Se fue? Sí. ¿No me quería? No. ¿Y qué le iba a hacer? ¡Ya pasó! Esa historia había muerto, igual que los miles de cuerpos ahí enterrados. Pero yo no. Yo seguía viva y no quería llegar a mi propia muerte como una triste y patética amargada… Y allí, de alguna forma, sentí que bajo mis pies dejaba enterrado también ese capítulo de mi historia.

El ladrido de un perro me hizo despertar del estado de ensoñación reflexiva en el que me había sumergido sin apenas darme cuenta. Esos momentos de autoanálisis me servían, pero me apartaban de la realidad y no tenía claro que eso fuera muy bueno.

Salí del cementerio con una extraña y agradable sensación de ligereza, dejando atrás a esa lectora que seguía allí, sentada en el mismo banco, buceando entre páginas e historias. ¿Iría allí a leer todas las tardes, ajena al mundanal ruido? Pasé al lado de la tumba de Baudelaire, pero no encontré la de Marguerite Duras. *Quizá la pueda ver en mi próxima visita a París,* pensé. Atravesé el umbral y la vida se volvió efervescente de nuevo. Incluso yo me sentía con más color, había dejado en ese cementerio parte de las capas muertas con las que había llegado cargada.

Aquel día lo había destinado a Simone y ya solo me quedaba una última parada para completar mi jornada con ella: el Café de Flore. Ese lugar era perfecto para rematar un día tan intenso y sanador.

Reconocí el toldo circular del café a lo lejos. ¡Qué emoción! Allí se habían reunido infinitas veces Sartre y Beauvoir, además de otros muchos intelectuales y artistas. El mismísimo Picasso era un habitual. Los asientos en rojo y caoba del interior y todos aquellos espejos creaban una atmósfera perfecta que había servido de encuentro y refugio a un montón de personajes de ese París bohemio que me fascinaba. Y allí me senté, en una esquina, ante una mesita que me estaba esperando arrinconada y vacía. Empecé a observar a mi alrededor y me hubiera dado igual que no me sirvieran. Me sentía feliz, en mi mundo. El sonido de la cafetera, las cucharillas y las conversaciones cruzadas que llenaban el espacio acristalado hacia el exterior… Inhalé profundo e imaginé que absorbía todo lo que percibían mis sentidos. Era un momento mágico. Tanto, que decidí tomarme una taza de chocolate caliente y unos panecillos para mojar. Estaba en el mismísimo paraíso.

Fue allí, en aquel momento de súbita felicidad, cuando entendí que no había nada en el mundo que pudiera mejorar todo lo que estaba sintiendo. Ni siquiera la presencia de Jan. ¡Ni siquiera la presencia de Jan! *Jan, querido, ahora ya no puedo estar por ti, la vida me reclama. Estoy llenando el vacío, curando con mimo mis grietas, enfocándome en la dicha de las cosas que me rodean y que no estaba viendo por enfocarme solo en ti. Gracias por hacerte a un lado, dejando espacio a todo lo increíble que está por venir.*

Cuando llegué al apartamento, estaba agotada. Aquel día había caminado muchísimo. No llevaba la cuenta de los kilómetros. Recordé a mi madre, que cada día me decía los pasos que andaba. *Si supieras lo que estoy caminando yo, mamá, estarías superorgullosa de tu hija. ¡Estoy recorriéndome todo París a pie!* Intercambié con ella algunos mensajes y luego la llamé. Sabía que estaba preocupada por mí, así que estuvimos hablando un buen rato. Quería transmitirle tranquilidad, porque era consciente de que esos días me había aislado bastante del resto de mi mundo. Le expliqué que estaba redescubriendo mi propia compañía, que estaba enamorándome de París y que, aunque había llegado con el corazón roto, ya me sentía mejor, que estaba sanándome y que no se preocupara. Yo misma me sorprendía al manifestarlo. Ella se quedó tranquila y eso también me sirvió a mí. Después de cenar hablé otro rato con Gery, porque me había enviado las cifras de ventas de la primera semana y así aprovechamos para ponernos al día. *La soledad del ser* se estaba vendiendo muy bien. *Igual este también debería leérmelo yo,* pensé. Parecía que me fuera adelantando a mi propia vida. Sentí que me iría bien recordar qué había visto de empoderador en el hecho de estar sola, porque yo el libro lo escribí convencida, pero al vivirlo en primera persona ya no lo tenía tan claro. Aunque, a decir verdad, después de ese día, después de mis reveladoras reflexiones en el cementerio y con todo lo que sentí disfrutando de aquel chocolate en ese precioso café, conmigo, tal vez empezara a comprenderlo. Tal vez empezaba a conectar con la certeza de que todo estaba bien, de que todo lo vivido era bueno para mí, de que era lo perfecto para entender, para aprender y para crecer.

Ya había apagado la luz cuando, haciendo recapitulación del día, recordé el sabio consejo de Manon esa mañana. Tumbada en la cama cogí el móvil, busqué el nombre de Jan en la lista de mis contactos y empecé a grabar una nota de voz:

Hola Jan, sé que es tarde pero no he encontrado otro momento para enviarte este mensaje, espero no despertarte si ya estás durmiendo. Prefiero hablarte así que conversar directamente contigo, porque me puedo explicar mejor, más tranquila. Ayer te colgué de mala manera y quiero pedirte disculpas por eso. A veces me pongo nerviosa, a veces estoy enfadada, otras estoy triste y otras ni siquiera me acuerdo de que hace una semana estábamos juntos e íbamos a venir a París. Me dijo Lau que ya has ido a por tus cosas y que le dejaste las llaves. Yo lo único que quiero pedirte, por favor, es que ya no me escribas más. ¿Sabes?, hoy he estado en el cementerio de Montparnasse, con Sartre y Beauvoir, y me he dado cuenta de que mientras yo me estoy lamiendo mis propias heridas, mirando hacia atrás y lamentándome porque te has ido sin darme ninguna explicación, la vida sigue ahí fuera. La vida pasa. Y con ella pasan cosas que me estoy perdiendo, porque al no alzar la mirada no las veo... Y no quiero seguir así. No quiero acabar como los miles de muertos que ahora están tumbados en ese cementerio y sentir que he desperdiciado mi tiempo.

¿Sabes qué? Ya no te voy a pedir nunca más que me des respuestas. Ya no las necesito. De hecho, me doy cuenta de que con tu silencio inalterable ya me has dicho demasiadas cosas. Más de las que necesitaba. Es suficiente. Lo único que te voy a pedir es que no me digas nada más. Que lo cerremos aquí. Que hagamos el contacto cero que tanto se suele recomendar en estos casos. Solo te pido que lo respetes, que no me respondas a este mensaje y que no me hables nunca más.

Te deseo lo mejor, Jan. De todo corazón. Muchas gracias por lo que hemos vivido, por todo lo que hemos compartido y por lo que me has enseñado. Me quedo con la gratitud y sigo mi camino dejándote atrás. Liviana. Y con el resto de mi vida por delante. Un abrazo.

Apagué el móvil y lo dejé en la mesilla. Agarré mi libro y fui directa a la página que hablaba sobre contacto cero. Creo que lo hice para confirmar que había hecho lo correcto. No tardé en cerrar los ojos y quedarme plácidamente dormida.

EL CONTACTO CERO

El contacto cero es básico, porque la distancia y el silencio son justamente lo que nos permite acabar de sanar, lo que cura, lo que calma y lo que libera. Y es más sanador aún si la otra persona está bloqueada. Sí, sí, bloqueada. Al principio parece el infierno más insoportable que uno pueda imaginar, pero poco a poco se va viendo con más claridad por qué es tan importante y necesario. El hecho de tener la certeza de que no puedes recibir ningún mensaje ni llamada en el momento menos esperado, te aporta una paz interior que es imprescindible para emprender tu nuevo camino.

Aun así, siendo algo tan positivo y reparador, habrá muchísimas personas que no lo entenderán. Amigas que te dirán que eso es una inmadurez, que bloquear a alguien no es ninguna solución, que lo que hay que hacer es seguir adelante y ya... Fácil, ¿verdad? Seguir adelante, y ya. *Decir:* ok, pues nada, hasta aquí, que te vaya genial, ciao. *No. Cuando has amado, cuando has estado verdaderamente implicado a nivel emocional, cuando tenías proyectos por cumplir en los que estabas focalizado, cuando de forma honesta le veías futuro a la relación, no es tan fácil. Las cosas no van así.*

Es probable que quien no lo entienda sea porque no está viviendo lo mismo que tú y no lo haya vivido nunca. Mejor para ellos. En este tipo de casos, sin embargo, está claro y demostrado que cortar el contacto y bloquear es, sin ninguna duda, la mejor de las opciones.

ANÁLISIS DEL PROCESO (VI)

Este día hay un punto de inflexión en el proceso de duelo de Río. Y es que, si lo pensamos, cualquiera que haya vivido una experiencia de este tipo, puede identificar ese momento del clic, el momento del *antes y el después*. Ese día en el que tenemos la certeza de que algo ha empezado a cambiar dentro de nosotros. Ella se encuentra inmersa en su historia, sumergida en un viaje en el que todo es nuevo, en el que todo trata de sorprenderla, en el que todo podría ayudarla a alejarse de su drama personal y disfrutar de cuanto la rodea, pero no es hasta ese día cuando empieza a sentir un pequeño placer dentro de su desconectado cuerpo.

Conseguir ver nuestra desgracia particular como algo mucho más pequeño, con mucha más perspectiva, desde una mayor distancia, es maravilloso. Es algo que no se logra por mucho que otros quieran hacértelo ver. Tienes que llegar por ti mismo. A no ser que ya estés preparado para ello, podrás entenderlo, pero no lo sentirás de verdad. Lo que nos ayuda y transforma, lo que activa ese inicio de cambio, es justamente lo que le ocurre a Río en el cementerio. Esa toma de conciencia de la absurdez de su drama al entrar en contacto con los miles de dramas de todos los que yacen bajo sus pies le ayuda a darse cuenta de que no quiere invertir ni un minuto más de su valioso tiempo en esa historia. Luego se permite disfrutar, mimándose con un chocolate caliente en ese entorno de ensueño que tanto le apetece. Darte caprichos, decir sí a aquello que te gusta y te da placer es también una forma de amarte.

Además, por último, Río da el verdadero paso. El mensaje de voz a Jan para pedirle contacto cero. Ahí es donde toma en realidad la decisión de distanciarse, de dejar ir y de pasar página de una vez por todas. De verdad. Ahí es justo donde tenemos que llegar. Ese debe ser el objetivo de todo aquel que esté transitando un proceso de duelo. Tenerlo claro y visualizarlo con nitidez siempre ayuda a ir avanzando más rápido hacia ello.

En resumen, esas claves que empiezan a indicar que estamos en el inicio del cambio son:

—Relativizar nuestro drama. Darnos cuenta de que no es para tanto. En su caso, Río ve que se trata del fin de una relación de pareja, el final de una etapa. Y que toca cambiar. Y ya. No hay más.

—Cuidarnos, mimarnos y permitirnos algún capricho que nos guste o apetezca de verdad. Llevamos tanto tiempo obsesionados con la otra persona que nos hemos olvidado de nosotros. Hemos olvidado invertir tiempo en aquellas actividades o experiencias que le dan sentido a nuestra vida, las que hacen que esta valga realmente la pena. Toca cambiar eso de inmediato.

—Mirar de frente, enfocándonos hacia la nueva etapa de nuestra vida y entendiendo que, para hacerlo bien, debes conseguir soltar la etapa anterior. Y por eso es tan recomendable el contacto cero, cuanto más cercano al cero absoluto mucho mejor (dentro de lo posible, claro está, porque si hay hijos pequeños no va a ser tan fácil). Cortar con el pasado (habiendo aprendido de este todo lo que nos ha enseñado) siempre será una fantástica opción para adentrarnos sin lastres en nuestro nuevo presente, ese que nos permitirá avanzar hacia un deseado y prometedor futuro.

DÍA 5 D. P. - MARTES

Eran las 5.55 de la mañana cuando me despertó el estruendo de la lluvia golpeando contra la ventana. Era una lluvia furiosa. Parecía que alguien hubiera abierto las compuertas del cielo y una gran tromba caía sobre París inundándolo todo. Normalmente me gusta que llueva, pero tal grado de agresividad climática alteraba mi estado emocional, que ya estaba siendo delicado la última semana. Intenté volver a dormirme, pero me fue imposible, así que me quedé mirando las gotas que se deslizaban por el cristal. Parecían lágrimas. Lágrimas, lágrimas, lágrimas. Las lágrimas limpian, igual que las gotas de lluvia. Tienen una función depuradora. Es la dimensión líquida de la tristeza, o de la alegría, o de cualquier emoción que se viva en un nivel intenso. Echaba de menos a Mel. Si hubiera estado en Barcelona, estaría conmigo en la cama, abrazado a mí con sus patitas negras y acercando su frente a la mía en señal de cariño. Siempre he pensado que es su manera de dar besos, de decir *te quiero*.

Salí de la cama a las ocho, me di una larga y caliente ducha reparadora. Sentí que tenía el ánimo más bajo que el día anterior. ¿Por qué? Había llegado a tener un instante de plenitud en el Café de Flore. Sentí de verdad que ya no necesitaba a Jan en mi vida y que estaba disfrutando París al máximo porque estaba sola. ¿Por qué de repente volvía de nuevo la tristeza pegajosa? Seguro que era cosa del día. Las lágrimas del cielo recordándome que debo vivir mi duelo. Porque, claro, aunque en algunos momentos sintiera que estaba un poquito mejor, seguía atravesando un duelo y la vida no iba a permitir que me olvidara de eso. No sin acabar el proceso correctamente.

Encendí el móvil y me di cuenta de que, mientras lo hacía, tenía un pensamiento de fondo que por mucho que pretendiera ignorar o hacer como que no le daba importancia, estaba ahí. ¿A quién pretendía engañar? Por Dios. En lo más profundo de mi mente veía escrita con mucha nitidez esa pregunta... *¿Me habrá contestado? ¿Me habrá dicho algo? ¿Habrá respetado mi petición de silencio o tal vez no y se habrá dado cuenta de que...?* Ufff ¡BASTA! Lo entendí. Sabía lo que debía hacer. Entendí que eso era una señal muy clara de que debía hacerlo ya. Busqué su número de forma mecánica y, al aparecer en rojo la opción *bloquear este contacto,* la seleccioné sin darle ni una vuelta más y volví a la pantalla de inicio. Ya estaba bloqueado. Respiré hondo, dejé el móvil en la mesa y decidí que quería dejar ese hecho a un lado y centrarme en el día que tenía por delante.

Me hacía mucha ilusión la actividad que había planificado para aquella tarde. Iba a visitar la exposición interactiva de Van Gogh, tenía las entradas compradas desde hacía varias semanas. No vería los cuadros originales del atormentado pintor, pero habían creado una experiencia en unas instalaciones con grandes pantallas, efectos sonoros y música que estaba segura de que me causarían un gran impacto. Van Gogh se sentía alejado de todo, por eso pintaba, era lo único que sabía hacer, no podía hacer otra cosa más que pintar. Era un pintor nato, pero la vida le había hecho pintar para gente que aún no había nacido, como yo, y tuvo que soportar una existencia bastante complicada. Nadie lo entendió en su época. Su hermano y su cuñada fueron, probablemente, las únicas personas que de verdad creyeron en él. Vincent vivió y murió en la miseria y tenía ese punto de locura y genialidad que se romantiza en los grandes genios, pero que tanto sufrimiento les genera. En realidad no me cambiaría por él. No debe de resultar fácil ser un genio incomprendido y en ocasiones desequilibrado.

Tenía pensado pasar la mañana paseando y buscar un sitio para comer y así hacer tiempo para la exposición, pero el día no invitaba a salir, sino al retiro, a un retiro de soledad y silencio y a dejar el estruendo afuera. Y es lo que hice. Me preparé un café con avena y una tostada con otro aguacate que aún tenía en la nevera y me quedé en el apartamento haciendo nada. Estuve un rato sentada en silencio al lado de la ventana, mirando la estancia, mi hogar parisino. Se me escapó una leve sonrisa y surgieron ganas de agradecer a la vida o a quien fuera por tener aquel espacio de curación para mí. Sí, aquel apartamento en la rue Rambuteau estaba siendo un lugar de sanación, lo recordaré siempre con cariño. Me acordé de un ejercicio que tiempo antes solía hacer bastante, que era tratar de conectar con la gratitud. Decidí coger mi libreta y anotar todas las cosas que agradecía de mi vida. Alguna vez leí que si haces eso, si focalizas tu cerebro en cosas que agradeces, este provoca que te sientas mejor y al sentirte mejor todo cambia para bien. Al principio cuesta, porque el cerebro tiende a interpretarlo todo con un sesgo negativo, pero si te esfuerzas, poco a poco, lo que se refleja en tu mente va cambiando, se va transformando y va mejorando. Volví a tomar consciencia de la enorme cantidad de cosas positivas que tenía en mi vida: mi familia, mi pasión por la escritura, con la que ahora me ganaba la vida, mi capacidad para comunicar, el hecho de poder estar en ese momento en una ciudad tan increíble como París, tener a Mel, estar sana, vivir donde más deseaba, tener una vida agradable... Sin duda, pensar en todo aquello, reconocerlo y agradecerlo, me hizo sentir bien. Debería practicar ese ejercicio más a menudo...

A mediodía paró de llover. Salí a la calle sintiéndome renovada y un poco más liviana. Mientras caminaba por el precioso y pintoresco barrio Le Marais pasé por delante de una casa antigua que llamó mucho mi atención, sobre todo porque no era una casa, sino un restaurante. Tenía los porticones de madera granate adornados con delicadas cortinas. Me asomé al interior y, a pesar de ser martes, estaba lleno de personitas cálidas y risueñas. Era como el comedor antiguo de una casa, con una chimenea encendida y varias mesas de gente charlando ajena a todo. La visión me pareció tan acogedora y afuera hacía tanto frío que decidí entrar y probar suerte. ¡La temperatura era muy agradable! Las vigas de madera del techo, las paredes de piedra y el calor me hicieron sentir en casa. Era increíble que hubiera un sitio como ese, tan rústico y antiguo en medio de París. ¡Te trasladaba en el tiempo al instante! *Ojalá pueda comer aquí*, rogaba en mi interior mientras esperaba a que vinieran a atenderme.

Después de desearlo mucho, al cabo de un rato estaba sentada en la barra de aquel maravilloso lugar, no había mesas libres y me ofrecieron un hueco en la barra, pero lo que no sabían es que yo habría aceptado incluso comer de pie. Estaba ahí, relamiéndome los dedos tras haber comido un plato de judías verdes con un confit de pato que se me deshacía en la boca. El mundo podría haberse estado derrumbando afuera y yo no me habría enterado. La sensación de plenitud, que últimamente iba y venía, apareció de nuevo y sonreí para mis adentros. Estaba pasando algo en mí y es que, a pesar de la tristeza y la rabia de los días anteriores, había un nuevo estado que emergía poco a poco para instalarse y recordarme que la vida se sigue manifestando en un montón de cosas. Solo tenía que abrirme a ellas y acogerlas. Decidí pedir un postre y alargar un poco más aquella experiencia inolvidable para mis sentidos. Los ojos se me nublaron cuando el chocolate caliente que recubría las bolitas de trufa que me pedí inundó mi boca. Dejé caer los párpados y me centré en sentir el placer indescriptible de aquel momento. Es muy típico en mí. Cuando pruebo algo que me parece especialmente rico y exquisito, tengo que cerrar los ojos para que todos mis sentidos puedan deleitarse con esa experiencia de máximo placer. Incluso me molesta si en ese momento me hablan o me distraen con alguna estupidez sin importancia… Y, en esos instantes, cualquier cosa me lo parecería. Nunca he entendido cómo hay gente que puede estar probando algo que para mí es un manjar celestial y mientras seguir hablando de cosas banales, como si no se estuviera dando cuenta de todo lo que está ocurriendo en su interior… ¡Qué maravilla! Gracias Robert et Louis Restaurant por ese mediodía previo a mi encuentro con Van Gogh.

Salí a la calle de nuevo y me acordé de un capítulo que había escrito en *Los monstruos que habitan en ti* en el que describía el proceso de reconciliación con uno mismo. Allí explicaba que podemos llegar al inicio de ese proceso desde muchos orígenes distintos. Uno puede llegar desde un fracaso laboral, una decepción con un amigo, un cambio drástico a nivel social, una enfermedad, una ruptura amorosa, etcétera, pero lo verdaderamente importante empezaba justo en el instante en el que sin esperarlo, en medio de todo el malestar experimentabas una pizca de dicha, un leve placer. Mi proceso había comenzado el día anterior, y entonces volví a sentir algo parecido. Confieso que me daba miedo abrazar demasiado esas sensaciones, porque no estaba segura de que fueran a instalarse de forma definitiva y permanente en mí. Tal vez fueran solo instantes pasajeros y fugaces de bienestar, pequeñas treguas que me daba la vida para sacar la cabeza y tomar aire, pero, aunque fueran solo eso, decidí agradecerlos y disfrutarlos, porque sin duda me hacían bien.

¡Vaya cielo gris sólido cubría la ciudad cuando llegué al Atelier des Lumières! Parecía que fuera a caerse a trozos sobre nuestras cabezas. La verdad, yo hacía todo lo posible por enfocarme en una nueva etapa de felicidad conmigo misma, pero la atmósfera no ayudaba ese día. Entré en el museo, mostré mi entrada, dejé mi abrigo en una taquilla y empecé el itinerario más ilusionada que una niña con zapatos nuevos.

Era como estar dentro de un sueño. La música, las luces girando, las miradas perdidas de la gente que me rodeaba… y sus cuadros a mi alrededor, proyectados en las paredes de esa inmensa nave, en gran formato. Tan grandes como habían sido mi desconcierto, mi tristeza y mi rabia juntas. Hechas una pelota de piedra y alambre, en un rincón de mi cuerpo, a punto ya de ser expulsada. Ojalá pudiera meterme en alguno de esos cuadros y desaparecer hasta que se esfumaran por completo los restos de esa pena pegajosa que se trasladó conmigo desde Barcelona y que no acababa de disolverse del todo.

Penetraría en *La noche estrellada*, sin duda uno de los cuadros de Van Gogh que más me han impactado y emocionado desde que lo vi por primera vez. Sí, si pudiera elegir dónde meterme ahora mismo, lo haría entre esas nubes giratorias que flotan sobre un pueblo imaginario, en cualquiera de esas pinceladas eternas. Me senté delante de la enorme proyección de ese cuadro y, como si de una compulsión automática se tratara, empecé a llorar. Como el cielo aquella mañana, pero con mucha más intensidad. Y eso que hacía varios días que ya no lo hacía. No podía creer todo lo que estaba viendo, sintiendo, experimentando… ¡Era impresionante! Acordes de Haendel, Bach y Vivaldi se revolvían con fuerza en ese dramático *in crescendo* de notas y pinturas. Una verdadera lluvia multisensorial como base de una experiencia que nunca olvidaré. De repente era el mismo Van Gogh quien me miraba, desde una proyección de tamaño descomunal, tan enorme que lograba que los trazos, los empastes y los colores adquirieran otra trascendencia. Qué pequeña me sentía de pronto… qué insignificante. Y qué poderosa era la música en medio de aquel hechizo indescriptible... Qué maravilla.

Acabó el pase de aquella exposición inmersiva y no podía moverme. No quería moverme, no quería que ese momento acabara nunca, aunque no pudiera dejar de llorar. Y empezó el siguiente con la misma intensidad que el anterior. *La noche estrellada* ante mí y yo de nuevo deseando entrar en ella.

Vincent se inventó un pueblo para ese paisaje que veía desde su ventana en el manicomio de Saint-Paul-de-Mausole en 1889 en el que él mismo decidió ingresar después de cortarse la oreja. Y pintó ese cielo poco antes del amanecer. Yo lo tenía delante de mí, absorta y visiblemente emocionada. La gente me miraba raro, pero me daba igual. Ni siquiera los veía. Vincent se había cortado una oreja y, aquejado de todos los males emocionales del mundo, cogió un pincel y creó belleza. Yo podría haber hecho lo mismo con todo ese amasijo de emociones que me desbordaban desde la semana anterior. Pero yo no soy Vincent. Él pintó un paisaje que hoy, casi ciento cuarenta años después de ser concebido en su pequeño cuartucho, me acompañaba como nada ni nadie podía hacerlo en ese momento.

Una mujer negra con mirada compasiva se acercó a mí y me sacó de mi letargo. Era una trabajadora del Atelier des Lumières, llevaba un broche marrón con su nombre escrito en letras doradas: «Cécile». *Se llama igual que mi abuela*, pensé.

—*Étes-vous ok?* —me dijo.

—¿Perdón? *Sorry?* —le respondí.

Mi francés seguía dejando bastante que desear y ella pareció verlo, así que lo intentó en inglés:

—*Are you ok?*

Me preguntaba si me encontraba bien, con cara de preocupación. Debía de llevar bastante rato llorando como si no hubiera un mañana. Incluso me ofreció un pañuelo. Fue el acto más tierno que experimentaba en muchos días, aunque es cierto que no el único. Entonces empecé a llorar más, y a la cara de Cécile se sumó una expresión de desconcierto.

—*I'm okay, just heartbroken, but I'm okay...*

Le dije como pude que no se preocupara, que solo tenía el corazón roto.

—*Ohhh, I understand, but you shouldn't be crying for someone who doesn't love you* —respondió ella, mientras ponía su mano en mi hombro y me miraba fijamente.

Cécile puso cara de pena, giró sobre sus pasos y se marchó por donde había venido. Que no le regalara a él ni una lágrima más es lo que me dijo muy resumidamente. Y es que Cécile tenía toda la razón del mundo y de hecho yo ya estaba en ello... A decir verdad, ya ni siquiera estaba llorando por él. Lo que ocurría es que se me habían acumulado muchas emociones en aquel momento y yo soy muy muy sensible. Además, el día tan gris ceniza que lo teñía todo no me estaba ayudando. Vincent me curaba y ahora Cécile también trataba de hacerlo, de forma desinteresada, de mujer a mujer, de madre a hija, de hermana a hermana. Ella sabía que yo lloraba por una pareja. *¿Es que las mujeres solo lloramos por desamor?*, pensé. Ya se me estaban olvidando las lágrimas y me estaba poniendo rabiosa otra vez, pero conmigo misma. En esos últimos días había adquirido la capacidad de oscilar entre estados emocionales aparentemente opuestos en tan solo segundos, y era un superpoder un tanto desagradable, así que me levanté, salí de allí y empecé a caminar algo nerviosa, con ganas de gritar para desahogarme, enfadada por haberme vuelto a sentir así.

Dejé tras de mí la preciosa exposición de Van Gogh en la que había pasado la tarde entera y que ahora se desdibujaba a cada paso que daba. Una espesa niebla a juego con mi estado mental lo envolvía todo y empapaba mi cara mojada.

Caminé, caminé, caminé. Empezó a llover otra vez. Cada vez con más intensidad. Aún me quedaba una buena distancia hasta llegar al apartamento y decidí meterme en el primer bar que encontré. Era un bar de mala muerte, pero entiéndase que un bar de mala muerte en París nunca será como un bar de mala muerte en Barcelona. En París hasta el hecho de encontrarte una rata enorme paseando por la acera te llegaba a parecer pintoresco e incluso tierno, o eso es lo que me estaba pasando a mí esos días. Dicen que la belleza está en los ojos del que mira; pues los míos, en París, desbordaban belleza por todos lados, todo el rato, excepto el primer día en el metro, que lo había pasado fatal. Sonreí al darme cuenta de que parecía que aquello hubiera sucedido hacía un mes y sin embargo tan solo habían pasado cuatro días. La verdad es que yo ya era otra. Ya no me sentía para nada una víctima de las circunstancias, ya no veía la pérdida de Jan como la peor y la más dolorosa de las desgracias, de hecho, incluso era capaz de ver con claridad que él y yo no teníamos nada que ver. Por fin me atrevía a afirmar esa aplastante evidencia sin tapujos. Por fin comprendía que la vida cruzó nuestros caminos para que transcurrieran juntos un tiempo y así aprendiéramos cosas el uno del otro, para que creciéramos mientras nos hacíamos de espejo. Éramos tan distintos que no había por dónde hacernos encajar. Yo, en realidad, sabía que cuanto más se pareciera a mí la pareja que yo eligiera, más fácil sería la relación. No era nuestro caso y ahora que por fin podía verlo (incluso con la poca luz que había en ese bar) me sentía mucho más liviana. Aún me quedaba camino por delante, por supuesto, pero estaba mejor.

Me senté en la barra, igual que en la comida, y decidí pedir un *Apperol Spritz*. El local era alargado y había un montón de mesitas redondas de mármol y sillas bajas que parecían incomodísimas. Alguien tocaba música al fondo del local, no le presté demasiada atención. Me centré en mi Apperol y en observar unas cabezas de maniquíes que había en una estantería en plan decorativo. Eran perturbadoras y bonitas al mismo tiempo. Hacía tiempo que no bebía alcohol y no había cenado todavía, no sé por qué me había dado por beber, pero mi mente empezó a volverse esponjosa y suave. Me sentía contenta. Me hace falta beber muy poco para empezar a notar los efectos, nunca suelo pasarme. Tampoco me gusta sentir que pierdo el control, por lo que no acostumbro a beber casi nunca.

Las notas de la guitarra me llegaban ligeras y acariciables, iban acompañadas de una voz masculina rosada o tal vez anaranjada, una voz del color de mi bebida, casualmente. Una voz que me resultaba familiar. Estaba ya mi consciencia algo alterada, pero me concentré en ella mirando mi copa y no me hizo falta ver al tipo que cantaba para saber quién era. Había un personaje en esta historia que aún tenía mucho que decir y que la vida me estaba poniendo delante continuamente hasta que decidiera enfrentarme a él. Esos ojos que me reconocieron el primer día que pisé París en aquel túnel del metro repleto de autómatas; esa sombra que pasó volando tras la escultura de Camille Claudel en Orsay; ese músico que cantaba a Silvio en los pies del Sacre Coeur. El tipo de pelo rojo con aspecto aniñado y mirada profunda cantaba al fondo del local para una audiencia de unas ocho personas. Menuda nueva coincidencia... Yo seguía mirando mi copa y las caras de los maniquíes. Había dos cabezas doradas, una plateada y tres blancas. Alguien las había maquillado. Se oyeron aplausos y algún silbido de fondo. Pensé si la cabeza plateada sería un hombre o una mujer, me gustaba no saber qué era. Era calva en todo caso. Me recordaba a mí. Era una mezcla entre el típico extraterrestre de cara ovalada de las películas y yo. Alguien se sentó junto a mí en la barra. Yo seguí mirando las cabezas, pero sabía perfectamente quién era. Hacía días que la vida nos iba cruzando y ya era hora de conocernos. Supongo.

—Ponme la cosa esa naranja que está bebiendo ella —le dijo al camarero en un francés muy marcadamente español.

—¿O sea que eres español? —le dije mirándolo por primera vez.

Pelorrojo tenía cara de niño, pero no era tan joven. Energía juvenil y bohemia, vivacidad, alegría. Mirada penetrante y un rostro que expresaba una cercanía extraña. No suelo ser tan directa ni tan descarada con los desconocidos, pero los efectos del alcohol y el desamor me estaban convirtiendo aquella noche en una de esas personas que sueltan por la boca lo primero que piensan sin analizar demasiado las consecuencias.

—No, soy argentino —respondió.

—Ufff... —se me escapó.

—¿Uf?

—Perdón... —Me reí yo sola un rato.

—¿Te disgusta que sea argentino?

—En realidad me da bastante igual. O sea, que no tengo nada en contra de los argentinos... Al cantar no te noté nada de acento —intenté explicarme.

Me di cuenta de que estaba algo más ebria de lo que pensaba.

—Vos sos catalana, ¿no? —dijo él.

—¡¿Cómo lo sabes?!

—¡Intuición! No te veo muy abierta a socializar y eso es una característica que os suele acompañar...

—Mira, no me voy a ofender porque ahora no me apetece, pero no me conoces de nada —le dije.

—Tenés razón. Pero mirate, siempre sola, enfundada de negro y huyendo.

—Sola, de negro y huyendo, ok, pero la deducción de mi catalanidad ¿de dónde sale? Tengo verdadera curiosidad.

—Sabía que eras española y, entre todas las posibilidades me vino rápido esa, soy muy intuitivo.

—Ya veo…

Para suavizar la dinámica de nuestra conversación y mostrarme un poco más amigable, decidí recordarle al camarero que nos faltaba una bebida.

—Perdona, falta otro Apperol. —Él me devolvió la sonrisa y mientras me guiñaba un ojo dijo algo así como *Tout suite*, que deduje que significaba *enseguida*.

En nada lo tuvimos. Bebimos un rato en silencio.

—¿Por qué llevas el pelo rojo? —le pregunté.

—Para que me distingas entre la multitud —dijo.

—¿Yo?

—Es útil, es un rasgo diferencial. Te ha servido para verme entre todo el gris de la ciudad. A ti se te distingue porque eres como una figura flotante que se mueve a un ritmo distinto al del resto. A mí por el color, a ti por el movimiento.

—¿Eso crees?

Eso veo. Y eso es lo que me llamó la atención.

Me dieron ganas de decirle muchas muchas cosas, pero en aquel momento no me apetecía explicarle mi vida a un desconocido. Seguimos bebiendo en silencio, el uno al lado del otro. Al rato lo llamaron al móvil y salió fuera. Yo aproveché para mirar la funda de su guitarra, apoyada de pie al lado de mi taburete. Había unas palabras escritas a mano que parecían versos:

J'écrivais des silences, des nuits, je notais l'inexprimable. Je fixais des vertiges.

Escribí silencios, noches, anoté lo inexpresable. Fijé vértigos.

No me lo podía creer. Eran mis versos favoritos de Rimbaud. ¿Qué significaría esa coincidencia? Me sorprendió mucho, pero decidí no darle más vueltas. Antes de que entrara, pagué las dos copas y salí. Sentí que debía irme. Él acababa de colgar el teléfono e iba a entrar de nuevo.

—Me marcho... —le dije, no me salió nada más.

—Sola y huyendo de nuevo. Mañana estaré tocando aquí, pasate si querés y te invito a una copa naranja —me dijo, muy tranquilo.

Pelorrojo emanaba paz, también parecía saber muchas cosas, de la vida y de mí. De todo. Yo aún no sabía su nombre, tampoco si volvería a verlo, pero algo en mi interior se había expandido y calmado tras nuestro encuentro. Y no estoy hablando de amor ni de enamoramiento ni nada por el estilo. Hablo de una certeza, de un misterio, de un reconocimiento. Sabía que pelorrojo había aparecido por algo. Aún tenía que averiguar por qué.

Es curioso. A pesar de sentir que vas por la vida arrastrando una pena desgarradora y profunda, que cargas un saco lleno de recuerdos y vivencias que pesan lo indescriptible, de imágenes y expectativas ya muertas que te agotan, que suponen una carga que no te deja avanzar, me daba cuenta de que, si por un instante me despistaba y algo bonito, curioso o inspirador seducía mi completa atención, dirigiéndola hacia otro lugar totalmente distinto, me olvidaba de esa carga y dejaba de sentir ese peso. Así, sin más. De repente. Como si nunca hubiera estado ahí. Luego, al tomar conciencia de que me había desconectado de mi tristeza, casi por inercia volvía a ella y tiraba de nuevo de todo lo que me producía dolor. Me recordaba que Jan me había dejado, lo desgraciada que me sentía por ello y caía así en el victimismo otra vez. Qué estúpido, ¿no? Poder respirar profundo, caminar liviano y saborear la luz y, al empezar a sentirte mejor, que esa mejoría te recuerde que estabas mal y te conduzca de nuevo hacia tu agujero negro, maloliente y extremadamente incómodo. Es como decirte *ahora no puedes estar bien con la terrible desgracia que te ha ocurrido. Ahora toca llorar, arrastrarte y lamentarte. Ahora toca sentirte desgraciada.*

Pero, a decir verdad, darme cuenta de ello no me dejó indiferente. Esa noche la vida puso a pelorrojo en mi camino por algún motivo. Nuestras vidas se cruzaron varias veces y por fin nos habíamos encontrado de verdad. Tal vez no lo vería más. Tal vez su única función era que me diera cuenta de que puedo estar mejor si cambio mi mirada, si reajusto aquello en lo que me focalizo y si permito que la vida, que trata de forma incansable de seducir mi atención para que vea el mundo infinito que empieza justo donde acaban mis pies, me muestre otros caminos. Tal vez si me dejaba llevar un poco más, las cosas empezarían a transformarse y a sorprenderme, para bien.

ANÁLISIS DEL PROCESO (VII)

Cuando ya hemos empezado el proceso de cambio y poco a poco vamos soltando y experimentando una cierta mejora, también puede ocurrir que, de repente, algo nos vuelva a remover por dentro o nos conduzca de nuevo a una irremediable tristeza. Eso forma parte del propio proceso de recuperación, nos recuerda que nuestra herida se está sanando, pero que no está curada y sigue ahí. Esto no significa para nada que no estemos avanzando. La herida está y si algo la golpea o sufre una rozadura, te va a doler, pero la estás curando y mejora cada día. Digo esto porque, en ocasiones, es fácil confundir el dolor de la herida (después de haber experimentado una mejora emocional), con un indicador de que hemos retrocedido o de que no estamos avanzando correctamente. No es así. Para interpretarlo bien, debemos tener en cuenta lo siguiente:

- En primer lugar, **observa las mejoras** (por pequeñas que sean). Esos instantes de ligereza, de verdadera paz interior, esos en los que parece que cabe más aire en tus pulmones porque logras respirar más profundo, esos en los que empiezas a ver color cuando miras hacia adelante, aunque sean colores tímidos. Graba esos instantes, reconócelos, abrázalos, disfrútalos y sonríe mientras tomas conciencia de ellos. Son verdaderos y el hecho de que se hagan visibles ante tus ojos es algo determinante y de gran valor. Indican que ese es el camino correcto, indican que lo estás haciendo bien, que estás cada día más cerca de tu anhelado destino. Ese quinto día, Río da un paso importantísimo en su proceso: bloquea a Jan. Y lo hace como hay que hacerlo, convencida de que eso es lo correcto. Bloquear, cuando se hace de esa forma, es como reafirmar que todo acabó, que acabó de verdad y para siempre, evitando así volver a caer en la negación o el autoengaño que tanto nos hacen tambalear y que tanto entorpecen nuestro camino.

- En segundo lugar, recuerda que **sigues en un proceso de duelo** y esto implica que, aunque parezca que todo ha mejorado, en determinados momentos puedes seguir dando tumbos en las diferentes fases de este. Es posible que tras experimentar un placer momentáneo vuelvas a la tristeza, que de ahí conectes con una profunda rabia y que luego regreses al vacío inicial hasta que descanses, renueves tus fuerzas y seas capaz de agradecer de nuevo lo bonito que te está mostrando la vida. Quiero remarcar esto porque muchas veces uno puede caer en la falsa certeza de que no está mejorando, de que no avanza correctamente o de que nunca lo va a conseguir. No es así. No, si se dan los pasos adecuados, como hace Río. Ella reflexiona, se esfuerza, analiza, valora y agradece. El hecho de que en ocasiones se apodere de su mundo emocional esa rabia incontrolable o un halo de tristeza difícil de apaciguar, no significa que no lo esté haciendo bien. Y lo que quiero remarcar es que la verdadera señal de que uno lo está haciendo bien, de que cada día está más cerca de la completa recuperación, es ser capaz de conectar con esos instantes de bienestar, gratitud y ligereza. Y, por supuesto, abrirnos a conocer gente nueva, como en el caso de Río sería pelorrojo, siempre es muy positivo y sanador, sin olvidar que nos estamos recuperando de una ruptura y que nuestro corazón debe permanecer tranquilo y relajado.

DÍA 6 D. P. – MIÉRCOLES

En todo viaje a París hay un día ineludible, un día que no puede faltar: la visita a la Torre Eiffel. Me levanté contenta y enérgica a pesar de todas las emociones acumuladas durante la jornada anterior. Nada más abrir los ojos recordé que había conocido a pelorrojo. ¡Y era argentino! No es que me esperara que fuera de ningún sitio en concreto, pero tengo que reconocer que su argentinidad me rechinó un poco. Es como un cliché, ¿no? El argentino bohemio cantando a Silvio con su guitarra. Pero pensé que iba a deconstruir todos los clichés y prejuicios a partir de ese momento, que cuando me relacionara con quien sea, definitivamente dejaría que la vida me sorprendiera. No quería dejar a nadie fuera por ideas preconcebidas, por edad, por color de pelo... Absolutamente todos filtramos de forma inconsciente y estoy segura de que nos perdemos un montón de cosas por no dejarnos ir, por no aventurarnos, por creer de antemano que ya sabemos cómo es una persona cuando apenas hemos visto el envoltorio, o por entender que un envoltorio concreto conlleva un contenido determinado. En realidad, cuando filtramos, lo hacemos por cosas externas, y a mí pelorrojo me había movido cosas dentro. El primer día en el túnel del metro me había salvado de la tristeza que me envolvía. Me había visto. Y, sin pretenderlo ni él ni yo, me estaba acompañando esos días en París con sus apariciones fugaces en los distintos lugares que iba visitando. Me sacó de mi letargo cuando la tristeza me empalagaba. Su energía de colibrí abandonado me despertaba admiración y ternura, quizá me estaba haciendo de espejo y, si era así, no me disgustaba para nada lo que veía en el cristal. Al contrario. Pelorrojo me estaba ayudando a verme. Se lo diría esa noche si finalmente me animaba. Aún no lo tenía claro, pero no descartaba pasarme de nuevo por el *bar de mala muerte*.

Como aún era temprano y no llovía, sin pensarlo demasiado me puse las mallas, las deportivas y la sudadera. Agarré la llave, mi móvil y los cascos y salí a correr. Tenía claro el circuito que iba a hacer. Crucé el Bd Sebástopol hasta Les Halls pasando por delante de L'Ecoute, esa escultura de Henry Miller que ya me era totalmente familiar, luego rue du Louvre, rue Rivolí, el Museo del Louvre, el Jardin des Tuileries hasta la place de la Concorde y la avenue Des Champs Élysées. Allí, cuando ya llevaba veinte minutos trotando, decidí dar media vuelta y regresar. Tampoco quería pasarme, porque la ruta que tenía prevista para ese día no podría decirse que fuera corta. Una hora más tarde salía de casa, duchada, tranquila y con unos sentimientos de gratitud muy agradables (sin duda potenciados por el deporte).

Pasé por el local de Manon a la hora del desayuno. Se alegró de verme. Me dijo que tenía mejor cara y le expliqué que, aunque no sabía ni cómo ni por qué, me sentía mejor. De repente la vida se movía otra vez hacia adelante. La inestabilidad y la incertidumbre constante que tiene viajar sola, me estaba yendo bien. Estaba experimentando la vitalidad y la fertilidad del caos. Parecía que, por momentos, regresaba a mí la certeza de que la vida es una increíble aventura y eso era algo que no quería volver a olvidar.

Con su mejor sonrisa Manon me mostró un cartón de leche de avena.

—¡Esto es para ti! —dijo con voz cantarina.

—¿La has comprado para mí?! —le pregunté entre sorprendida y emocionada.

—Para ti y para otros pesaditos como tú…

Me llenó de amor con ese detalle, pues estaba segura de que Manon la había comprado solo para mí y me emocionó su gesto.

—¿Me preparas un café con leche de avena, *s'il vous plaît?* —le dije teatralmente.

—¡Marchando!

Callejeé toda la mañana. Tenía claro mi destino, pero no quería ser estricta con la ruta que me llevara a él. Crucé el río varias veces hacia ambos lados porque me encantan los puentes. Te ayudan a ir de un sitio a otro, recordándote que el camino es parte del viaje, que hay que saborearlo y agradecerlo. Y más los puentes de París, que eran una verdadera obra de arte. Hacía frío, aunque ya me empezaba a acostumbrar a él. Luego, pasé por uno de esos lugares que tienen mucha energía de pasado. Esos en los que casi sientes que vas apartando vidas y vidas y más vidas que se sobreponen transparentes. Un lugar precioso que hubiera podido ser el escenario de una película en el año 2023 o en 1923 sin extrañarnos ni cambiar nada. Cuando siento tanto de repente, a veces tengo que sentarme, respirar y empaparme del entorno, incluso se me humedecen los ojos, porque es como si estuviera conectando con un montón de tiempos al mismo tiempo. ¿Le pasará esto a alguien más? Después de un buen rato callejeando por esa atmósfera mullida y un poco irreal vislumbré un milagro al final de la calle. Un precioso milagro de más de trescientos metros de altura que se presentó ante mí, para recordarme la grandeza de mi vida y de aquel viaje. La Torre Eiffel se levantaba majestuosa al final de una pequeña y corta calle peatonal. La había visto de lejos en alguno de mis paseos anteriores, pero ahora la tenía sorprendentemente cerca y me quedé paralizada ante su presencia. No había llegado a aquel lugar de forma consciente. La belleza de sus formas contrastaba con la basta naturaleza del material con el que se construyó. El símbolo de Francia se erguía ante mí en la 228 rue de l'Université y lo único que pude hacer fue caminar hacia ella, en línea recta, sin dejar de mirarla.

Tenía mi entrada comprada desde hacía varias semanas, así que busqué el sitio por el que acceder y subí, subí, subí. Primera planta, segunda planta, el mirador. Grandes columnas de hierro protegían a los turistas enredados entre los ángulos de la torre eterna. Yo acariciaba el metal. Qué fría y distinguida era. Qué robusta y quieta. Qué bella en su frialdad. Qué minúsculo se veía todo desde ahí arriba. Qué lejano e insignificante... Igual que mis recuerdos y mi tristeza. Era como si fuera injusto sentir tristeza allí, en medio del abrazo de algo tan enorme, tan bello y tan fuerte. Como cuando te sientes perdido y te calman los brazos llenos de amor de alguien que sabes que te quiere de forma verdadera y sincera, que te transmite paz y seguridad. Así me sentía yo en aquel momento, viendo el mundo y la vida desde una perspectiva muy distinta, no solo por los trescientos treinta metros que me separaban de él, sino por todo lo que yo estaba cambiando por dentro.

Estaba en París, en el mirador de la Torre Eiffel, rodeada y envuelta por una belleza que no era capaz de describir con palabras. Esa belleza gris, elegante, artística y majestuosa, desbordante de historia, de cultura y de poesía, repleta de cuadros sin nombre y olor a cruasán. Una ciudad infinita en la que, como suele pasar en las grandes ciudades, todo iba deprisa. Había tanto que hacer, tanto que ver, tanto que vivir, que la urgencia por experimentarlo todo podía arrastrarte hasta el punto de dejar de percibir el sabor de cada sorbo de vida. Pero esa velocidad y esa sobredosis de inagotable belleza e inalcanzable majestuosidad me estaban ayudando a distraerme, a alejarme de mi cada vez más insignificante tragedia personal y a permitirme conectar con la gratitud más profunda por todo lo que estaba sintiendo y descubriendo.

Sonreí al darme cuenta de que, una vez más, me había olvidado de mi pena y de lo desgraciada que me sentía al llegar a París. Veía mi *supuesta desgracia* mucho más pequeña desde ahí arriba, la veía casi ridícula, igual que los coches, que me parecían pequeñas piezas de lego deslizándose entre los carriles del entramado de las calles estrechas.

Cuando bajé, era como si hubiera dejado otra parte del peso que cargaba con mi historia ahí arriba. Tenía el frío metido en los huesos y decidí que pasaría la tarde en el apartamento y, si tenía ganas, saldría al anochecer a tomarme mi copa naranja. Eso sí, antes pasaría a buscar un Pho Bo en un vietnamita al que le había echado el ojo cerca de la rue Rambuteau, para comerlo tranquilamente *en casa*. Tenía una buena distancia hasta llegar, por lo que me puse los cascos y emprendí el camino a paso bastante acelerado.

Pasé la tarde leyendo y escribiendo. Aproveché para hablar de nuevo con Lau y con mi madre y revisar algunos correos. Tenía la bandeja de entrada a rebosar, pero ni me importaba ni me estresaba. Mi tiempo se había detenido desde hacía una semana, con la quietud de mi vida y con mi cuerpo y mi mente sanando a una velocidad de vértigo mi corazoncito maltrecho, cada vez más lleno de amor por la vida. Definitivamente había dejado de centrarme en el agujero de mi indeseada pérdida, consciente de que cada momento era susceptible de proveerme de enormes dosis de serenidad. Consciente de que la vida es un suspiro y de que solo yo era capaz de expandir la mía soltando todo lo que había traído conmigo y ya no me pertenecía. Por eso decidí hacer un pequeño esfuerzo, a pesar de la pereza, y salir a la calle. Me abrigué bien y me marché, caminando a paso lento hacia el bar musical en el que la noche anterior me había encontrado con pelorrojo.

Una hilera de bombillitas amarillas iluminaba la pequeña entrada. Era como una puerta de ascensor, y, una vez dentro, te trasladaba a otra dimensión, como en *Midnight in Paris*. Allí seguían las cabezas de los maniquíes, las mesas de mármol y las sillas enanas de madera. Allí volvía a estar el músico tocando y cantando su soledad con una ligereza contagiosa. Y allí me senté, en un rincón, observando la sala mientras degustaba un Apperol Spritz.

—¡Llegó la chica de negro! —dijo pelorrojo a toda la audiencia, que esa noche sería de unas veinte personas.

Pensé que tenía que decirle que no hiciera esas bromas en voz alta. Aunque lo había dicho sin mirarme, yo sabía perfectamente que se refería a mí. Al rato llegó otra chica con una guitarra y lo saludó con la cabeza mientras esperaba en la barra a que él terminara de tocar. Entendí enseguida que probablemente actuara después de él, seguro que eran compañeros de guitarra y bar, de esos que van tocando por las noches en locales pequeños para ganarse el pan con su música.

Llegó el momento de los aplausos, pelorrojo se despidió hasta la próxima y presentó a su compañera. Desenchufó su guitarra y se bajó del escenario, si se le puede llamar así a la pequeña plataforma en la que había estado tocando. Se quedó unos minutos en la barra hablando con la chica de la guitarra, se pidió una cerveza y se acercó a mi mesa.

—¿Puedo sentarme o esperás a alguien?

—¿Tengo cara de estar esperando a alguien? —dije yo con el mejor humor del que fui capaz.

—La verdad es que no, así que me siento.

Pelorrojo exhaló un suspiro al tiempo que se desplomaba sobre la silla.

—¿Estás cansado?

—Hummm…

Se quedó pensando mucho rato.

—Es una pregunta muy sencilla.

—Son las más difíciles —dijo con sus ojos fijos en mí.

Y de repente me acordé de esos ojos. Tenían algo muy claro y profundo. Eran dos bombillitas de luz en aquel bar oscuro. Una mirada de niño en un cuerpo viejo, o no tan viejo, no sé. Aún hoy no sabría decir la edad que tendría pelorrojo. Nos quedamos un rato en silencio, bebiendo y escuchando a la chica francesa cantar con una delicada voz que se filtraba como agua dulce por cada poro de nuestra piel.

—La voz de esta chica es como una ola de agua suave, como si me entrara dentro, por todas partes. Es como si se derramara, ¿no?

Me miró con cara de extrañeza.

—A mí me parece más un viento de arena, como el aire del desierto, muy cálida —dijo.

—A ver, mi agua es agua templada tirando a calentita, no hablo de agua fría y a chorro. Es un agua suave, como de termas naturales.

—¡Ah, interesante! Hay muchas termas naturales en Argentina. Ya sé que no te gustan los argentinos, pero hay una naturaleza allá muy pura, muy salvaje.

—A ver, a ver, yo no he dicho que no me gusten los argentinos. O sea, ilusión, ilusión no me hace que seas argentino, pero tampoco me causa desagrado. —No sabía muy bien cómo explicarme—. Que me da igual, vaya…

Él seguía bebiendo y asentía con la cabeza, tranquilo.

—¿Cómo te llamas? —le pregunté.

—Arthur.

—¿Arturo?

—No, Arthur.

—¿Y eso?

—Es mi nombre artístico.

—Como Rimbaud, ¿no?

Pelorrojo me miró fija y directamente, como si lo hubiera descubierto.

—¿También eres un poeta maldito? —añadí.

Arthur, que hasta entonces había estado sentado mirando hacia delante, movió su silla y se colocó de frente a mí.

—O como Schopenhauer… ¿Qué sabes de Rimbaud?

—Bueno, siento como si algo de su espíritu estuviera en tus ojos. —Estaba inspirada esa noche.

Arthur estaba descolocado.

—¿Cómo lo ves? ¿Qué ves?

—Son como dos bombillas muy muy profundas, muy claras. Siento como si tuvieran la capacidad de ver a través de las cosas —le dije.

Entonces me preguntó mi nombre.

—Catalana, dime como te llamás para poder seguir esta conversación. Podés darme tu nombre real o artístico, el que prefieras.

—Camille.

—Como Camille Claudel.

—Así es… —Sonreí por dentro.

Sonó su móvil mientras aparecía el nombre *Pierre Music* en la pantalla.

—Camille, necesito responder. Pierre es un tipo que me va ofreciendo algunos bolos en locales. Disculpame un momento. Seguiremos esta conversación en cuanto termine la llamada. No te muevas de aquí.

No tenía intención de moverme. Me quedé escuchando la líquida voz de la cantante francesa y vigilando la guitarra de Arthur, que volvió a los cinco minutos. Seguimos disfrutando de la música en directo juntos, el uno al lado del otro, sin pronunciar palabra. Sorprendentemente estaba a gusto sentada a su lado, en silencio. La naturalidad de la escena era asombrosa. No fingía, no actuaba… Y diría que él tampoco. Si alguien nos hubiera visto, podría haber pensado que nos conocíamos de toda la vida.

—Siempre te he visto sola —me dijo.

—Yo a ti también.

—Yo estoy solo en París, estoy de paso.

—Yo también. Pero yo estoy de turista. Algo me dice que tú no.

—Estoy de paso, pero es un paso lento, llegué hace un par de meses y supongo que me quedaré un par de semanas más.

—¿No lo tienes claro?

—No, voy viendo…

—¿Dónde vives?

—Ahora mismo mi dirección es este bar. Tengo una habitación alquilada aquí arriba. —Señaló el techo.

—Qué bohemio todo… Te pega tu nombre artístico —le dije.

—Arthur no era un bohemio. Era una mente clara, un rebelde, un incomprendido, un salvaje bajo la suave apariencia de niño perdido.

Las pausas entre nuestros diálogos eran muy largas. Hablábamos poco y lento. Desconocía esa faceta de mí. Me pedí otro Apperol.

—¿Viajas sola por placer? ¿Te gusta viajar sola, Camille?

—En realidad es la primera vez que viajo sola. Y hoy ya te puedo decir que sí, que me encanta haber venido sola —respondí.

—¿Antes no lo pensabas?

—Pues no. Vine un poco forzada. Llegué triste, enfadada, abandonada. Llegué rota. —Se me humedecieron un poco los ojos. Tragué saliva—. Mi pareja me dejó unos días antes de venir, teníamos que haber venido juntos.

Arthur me miró con sus ojos de luz y me entraron ganas de llorar, aunque me contuve.

—Vaya, lo siento. A veces tenemos que sumergirnos en esas noches oscuras del alma y permitirnos caer en lo más profundo, para poder luego ascender y coger aire de nuevo. También te digo, Camille, que te felicito por haber venido a pesar de todo y por estar hoy aquí, en vez de encerrarte a llorar en tu cuarto. Eres valiente.

Se hizo un largo silencio. Tuve que contener alguna lágrima, aunque creo que fue más por sus palabras de reconocimiento que por mi, cada vez más, digerida pérdida. Arthur miraba hacia delante, pero me hablaba a mí.

—No soy nadie para dar consejos, pero algo he aprendido en estos años moviéndome y viajando solo con mi intuición. No hay nada más valioso que sentirse completo y conectado con uno mismo. ¿Sabes de lo que te hablo?

—Creo que sí.

—Cuando uno se siente completo y a gusto estando solo, y eso únicamente se consigue habiendo compartido el amor y habiéndolo perdido, ya ha ganado. Es cierto que, durante el trayecto hasta conseguirlo, tenemos que atravesar distintas experiencias que no son agradables, las pérdidas que no deseamos, los cambios que no hemos elegido, la sensación de impotencia, de humillación, de rabia, de injusticia… Las conozco bien, créeme. Pero siempre hay una luz enorme detrás de la oscuridad…

Yo ni siquiera parpadeaba. Siguió hablando:

—Me han roto el corazón una sola vez, una. Estuve muy machacado, no veía salida. A día de hoy la sigo amando, pero desde otro lugar. La he comprendido, la he perdonado, me he perdonado también a mí mismo, he entendido que todo amor es fruto de un momento muy concreto y unas conexiones muy particulares. Es un milagro que suceda y cuando lo experimentamos no nos planteamos que pueda haber otra vida sin esa persona, por eso cuando la perdemos parece que uno se vaya a morir, ¿no es cierto?

Asentí con la cabeza. No me salían las palabras. Me impresionaba cuánto me serenaba escuchar a Arthur.

—Pero no morís. No solo no te mueres, sino que estás lleno de todo lo que has dado y recibido. De todo lo que has aprendido, de todo lo que has sentido. Esa es una riqueza que nunca se pierde. Agradezcamos siempre a la vida haber amado, Camille. Hay que tener el corazón grande para que se rompa en pedazos. Felicitate por eso. Los que no son capaces de amar no sufren por las pérdidas, pero para ellos la vida no tiene el mismo sentido, ¿no crees? Somos muy afortunados y por ello le debemos a la vida vivirla con auténtica gratitud y plenitud.

Seguimos un rato más en silencio. La chica terminó de tocar. Arthur miró su reloj y dijo que se tenía que marchar a otro bolo. Tocaba en un bar cercano, a diez minutos de allí. Me dijo que si quería podía acompañarlo, pero estaba cansada.

—¿Cuándo te marchás, Camille?

—El domingo.

—Pidió un papel y un boli al camarero y me apuntó su teléfono. Era zurdo. Mientras escribía, su pelo, a contraluz, brillaba más rojo que nunca. Era bonito.

—Si querés, el viernes o el sábado nos vamos a visitar Charleville.

Se me abrieron los ojos como platos. Era el pueblo de Rimbaud. No me había planteado poder ir a visitarlo, ni siquiera sabía que estuviera cerca de París.

—¿En serio? Pero ¿está cerca de aquí?

—En tren, a una hora y media más o menos. Tal vez un poco más...

—¿Has estado? —le pregunté.

—Sí, pero creo que conoces a *Rimbo* casi tanto como yo. Si te apetece hacemos una excursión. Llamame, no me escribas, no tengo WhatsApp ni nada de eso.

Cogí el papelito, lo doblé y me lo guardé en el bolsillo del pantalón.

—*Bonne nuit,* Camille.

—*Bonne nuit,* Rimbo!

Qué cachonda la vida… Y qué lista al mismo tiempo. Nos permite pasar a la siguiente pantalla solo cuando le demostramos que hemos aprendido a circular correctamente por la actual. Como si de un videojuego se tratara. Si no aprendemos lo que toca, nos envía directamente al punto de partida de nuevo. Por eso hay personas que viven una y otra vez la misma historia, aunque los personajes con los que se crucen sean distintos. Todo va de aprender, porque cuando aprendes, algo cambia en ti. Y ese cambio hace que ya nunca más vuelvas a ser la misma; nunca.

¿Cómo había podido la vida transformarse en algo tan distinto ante mis ojos en tan pocos días? ¿Cómo era posible que empezara a verla de forma radicalmente opuesta? ¿Cómo había podido cambiar todo tanto en un periodo tan breve? En ese momento yo ya estaba preparada para comprenderlo. La vida no había cambiado. De hecho, ella seguía siendo exactamente la misma: una fuente inagotable de posibilidades infinitas. La que había cambiado era yo. Era mi forma de mirar, era la apertura con la que me entregaba a mis días agarrándome a una confianza hasta entonces desconocida, que solo apareció cuando conecté con la fe y me permití soltar todo aquello que intentaba retener y que ya no me pertenecía. La vida me enseñó que cuando confías en ella de verdad y te dejas llevar, todo es posible, todo se cura, todo pasa y todo se comprende.

Qué relativos eran el dolor, el sufrimiento, la visión de las pérdidas, de las traiciones o de los desengaños. Qué relativo era todo. Lo que un día había percibido como la mayor desgracia del mundo, al siguiente me parecía el regalo más valioso del planeta. Lo que un día me había hecho sentir desdichada e irremediablemente infeliz, entonces me conectaba con una gratitud que no me cabía en el pecho.

Tal vez uno mismo organiza ciertos viajes, escribe ciertos libros o emprende determinados caminos porque, en alguna parte de su inconsciente, sabe que cuando llegue el momento, te servirán para aprender lo que tienes pendiente. Tal vez ese viaje a París lo había preparado yo misma para que me ayudara a transitar mi pérdida y poder aprender y crecer con ella. Tal vez el libro que acababa de publicar lo había escrito, en realidad, para mí, para que me permitiera entender la soledad de una forma mucho más sana, para saborear los incontables beneficios de saber disfrutar de verdad de mi propia compañía... Al final, haciendo balance de aquellos días en París que aún no habían terminado, me daba cuenta de que la pena se iba convirtiendo en liberación, y la tristeza, en una profunda e infinita gratitud. Estaba lista para pasar a la siguiente pantalla.

ANÁLISIS DEL PROCESO (VIII)

En este sexto día, Río nos muestra con claridad lo que ocurre cuando uno empieza a entender, a despertar y, con ello, a mejorar de verdad. Cuando uno comprende que la ruptura es un capítulo más de nuestra existencia y un detalle irrisorio e insignificante dentro de la basta magnitud del mundo y de la vida que nos rodea.

Por un lado, ella percibe cada vez más belleza a su alrededor. Sube a la Torre Eiffel y experimenta un momento de conexión con la vida al observar la preciosa ciudad de París desde su altura. Podría parecer que ella lo tiene más fácil que otras personas, porque se encuentra allí, rodeada de un entorno sumamente bello, pero cuando hablo de reconocer la belleza que nos rodea, quiero que se entienda que no tiene nada que ver con lo bonitos que sean los edificios que se alcen ante uno, sino que son nuestros ojos los que la van a percibir con independencia de aquello que observen. Es decir, si uno se dispone a buscar la belleza, la encuentra. Esté donde esté. La encuentra en el gesto amable de un desconocido, en la llamada de una madre preocupada, en el abrazo de un amigo, en el sabor del café de la mañana, en esa canción que le emociona, en la caricia del viento suave en su piel, en el sabor de una comida, en la felicidad de su mascota al verle, en los recuerdos bonitos... La belleza está por todos lados. Desaparece cuando estamos sumidos en la negación de algo que ocurrió y nos parece injusto, porque no somos capaces de pensar en nada más, de mirar nada más y, en consecuencia, de ver nada más.

Es muy importante tener esto claro, porque, aunque nos cueste, si lo sabemos y nos esforzamos en mirar de otra forma, en observar sabiendo que esa belleza está ahí, que es sanadora y que lograr verla nos hará bien, al final se acabará manifestando ante nosotros.

Por otro lado, quiero destacar otro aspecto importante. Es habitual que cuando atravesamos un proceso de este tipo, esos pensamientos de tristeza hagan disminuir nuestro nivel de energía, nuestra vitalidad y nuestra ilusión y ganas de vivir. Sin embargo, no hay que olvidar que nuestro bienestar dependerá de esto, de la energía que tengamos, de la vitalidad que sintamos y de las ganas que alimentemos en nuestro interior por experimentar, aprender, crecer y descubrir. Por ello es necesario que tengamos en cuenta algo que siempre les digo a mis pacientes: cuando tengas la oportunidad de salir de tu cueva y hacer alguna actividad física o social, aunque no te apetezca en absoluto, hazlo. Aunque mientras sales de casa te repitas *que me maten ahora si tengo ganas de hacer esto, de ir a ese concierto, de acudir al gimnasio, de encontrarme con aquellos...*, di lo que quieras, quéjate cuanto quieras, reniega todo lo que desees, pero ve. Ve. Porque está más que comprobado que es justamente cuando salimos de nuestro agujero negro, cuando nos sumergimos en otras aguas distintas, en aguas nuevas, cuando ocurren cosas inesperadas, cosas que nos sorprenden, cosas que activan otras emociones y nos ayudan a ir cambiando la mirada. Es cuando nos damos cuenta de que tal vez tampoco estamos tan mal, de que a nuestro alrededor la vida sigue, que hay mucho por descubrir y puede que hasta nos encontremos con nuevas realidades que, tal vez, incluso nos gusten...

Es justamente al permitirnos pequeños espacios de desconexión de nuestra pena, al dejar entrar momentos de disfrute, distracción o incluso felicidad, cuando nuestras heridas empiezan a sanar de verdad.

DÍA 7 D. P. – JUEVES

Cuando me desperté eran las once de la mañana. ¡Había dormido más de diez horas seguidas! Despertar pasadas las nueve era inaudito en mí. Había descansado como un bebé, acunada entre las sábanas de mi hogar parisino, me había dejado ir al volver del bar. Llegué helada y flotando, con una calma que no recordaba. ¿Sería el efecto del *Apperol*? ¿Sería Arthur? ¿O sería la nueva Río en la que me estaba convirtiendo? La verdad es que me sentía más tranquila, me atrevería a decir incluso que más madura, más capaz de ver las cosas y a mí misma desde fuera y de entender que el mundo no se detiene cuando una emoción nos desborda. Que simplemente hay que atenderla, abrazarla, tratarla con amor y respeto, y dejarla marchar. Me sentía una Río que sabe que todo pasa y que lo hace más tarde o más temprano en función de la capacidad que tengamos para irnos deshaciendo del equipaje que ya no nos sirve y que solo pesa y frena y ahoga. Era raro pensar en el día que llegué, en cómo lo veía tan negro que iba chocándome con todo, tan negro tan negro que cualquier pequeño contratiempo se convertía en un drama y solo era capaz de mirar la parte sombría de las cosas, la que me recordaba a mi desgracia, mientras achacaba la felicidad a los demás, como si yo ya estuviera vetada para vivirla y saborearla. No sé exactamente en qué momento se produjo el clic, pero tenía claro que esa ciudad y, sobre todo, haber ido sola, habían sido una terapia de choque maravillosa. Los restos de la pena en mi corazón eran ya pequeñas manchas casi imperceptibles.

Cuando llegué, la soledad me pesaba y se me caía el mundo encima a cada paso. ¿Por qué de repente ahora todo estaba lleno? ¿Qué maravillosa alquimia se había producido en mi interior para pasar de un estado al otro? No tenía la respuesta, pero sí la certeza del cambio que se había producido en mí. Era como si todo se hubiera dado la vuelta y el secreto estuviera en haberme dejado ir sin resistirme a nada. Algo había de eso sin duda. Fluir y derramarse, como la voz de la cantante de anoche, había sido la mejor manera de enfrentar las corrientes de la vida que me habían desbordado. Nada de resistirse y colocar diques ni de intentar evitar lo inevitable. Solo quedarme quieta, nada más, y dejarme ir, en silencio, hacia adentro. Esa había sido mi fórmula secreta.

Me quedaban unos días preciosos en París. Esa noche tenía entradas para la Ópera Nacional. Y al día siguiente iría a Charleville. Era increíble que en la preparación del viaje no hubiera tenido en cuenta el pueblo de Rimbaud, no sé por qué nunca me había planteado salir de París viniendo a París. Ahora todo encajaba a la perfección. Tenía que llamar a Arthur, aunque seguramente todavía estaría durmiendo, los bohemios tienen vida nocturna y durante gran parte del día dormitan, son como murciélagos de ojitos brillantes en mitad de la noche. Me pasé la mañana en la cama sin culpa alguna y lo llamé a mediodía, poco antes de salir por la puerta. Marqué su número sin mucha esperanza de que lo cogiera, la verdad, lo primero que pensé es que me saldría el contestador o que tendría el teléfono apagado. Pero no:

—¿Aló?

—¿Arthur?

—*Bonjour*, Camille! ¿Dormiste bien?

—¡Como un bebé! —respondí.

—Es el *efecto París* —dijo.

—Te llamo por lo que me dijiste de ir a Charleville. ¿Te gustaría ir mañana? Como me marcho el domingo, prefiero dedicar el sábado a despedirme de París —me expliqué.

—¡Sí! Claro. Tendríamos que salir temprano para poder aprovechar el día —dijo Arthur.

—¿Qué es temprano? —pregunté.

—Tendríamos que tomar el tren a las diez como muy tarde, llegaríamos allá sobre las doce. Hay varios sitios para visitar.

—¡Perfecto! —le dije. Me hacía muy feliz ese plan. Muy muy feliz.

—Entonces nos vemos mañana en la Gare de l'Est, de ahí sale el más directo.

Estaba a punto de colgar cuando de repente tuve una idea, y, como ahora pensaba las cosas mucho menos que antes, lo expulsé:

—¡Arthur!

—Yo mismo.

—Tengo dos entradas compradas para el estreno de *Tosca*, en la Opera Nacional, para esta noche. Como sabes, tendría que haber venido acompañada y solo voy a usar una, así que, si te apetece venir, la entrada es tuya —le dije.

—¿Lo decís en serio? —preguntó con verdadera sorpresa.

—Sí, no la voy a utilizar. Y algo me dice que tú lo vas a apreciar.

—Muchísimo. Te lo agradezco, Camille, pero ¿seguro que no preferís venderla o ir con otra persona? —preguntó.

—Bueno, la verdad es que he estado pensando un buen rato en la abarrotada agenda de contactos y la larga lista de amigos que tengo aquí en París, pero no sabía por cuál de ellos empezar a probar...

—Jajaja dale, dale, ya lo pillo. Debo de ser una de las dos o tres personas con las que habrás interactuado estos días…

—Más o menos… La cuestión es que, como no la voy a usar y me da pena que se pierda, en fin… Piénsalo y, si te apetece, estaré en la puerta de la Ópera a las seis, ¿vale? Si no, nos vemos mañana en la estación sobre las nueve y media, sin problema —le dije.

—Dale perfecto, quedamos así.

—*Adieu!*

—*Adieu,* Camille!

No hará falta que te diga que cuando llegué a la puerta de la Ópera Nacional pasaban cinco minutos de las seis y ya a lo lejos distinguí a Arthur entre la multitud. Él todavía no me había visto pero, conforme me acercaba, lo iba reconociendo con su abrigo largo estilo *vintage* y su pelo rojo entre un montón de personas elegantemente vestidas. Arthur era elegante a su manera, tenía la elegancia en el gesto, en el porte y en su chispa, parecía un alegre pajarillo entre toda aquella gente tan seria y tan ajena. Me acerqué sonriendo.

—¡Hola, Camille! ¿Te ríes de mí?

—No, no, bueno sí. Pero bien, eh, me hace gracia verte aquí, tan ajeno a todo.

—En efecto, me siento ajeno a todo. Tú tampoco te ves muy acorde al entorno, ¿eh?

Me reí sincera.

—¡Te aseguro que lo vamos a disfrutar mucho más que algunos de los que merodean por aquí!

—Camille, yo…, quiero que sepas que te lo agradezco mucho, hace años vi una ópera y me golpeó fuerte. En el buen sentido, ya me entendés.

—Pues para mí es la primera vez. Aunque estoy bastante convencida de que no será la última. Siempre he querido ver una ópera, es como un sueño, y me hacía muchísima ilusión que fuera justamente en París. Compré las entradas hace meses. ¡Estoy tan ilusionada! Aunque, a decir verdad, ahora no sé si me hace más ilusión la ópera de hoy o la excursión de mañana... Cuando pienso en las dos cosas juntas exploto de felicidad, así que estamos empatados. Te agradezco mucho la visita que haremos.

—¡Un placer! ¿Vamos allá? ¿Entramos?

—¡Vamooos!

Y ahí, cuando se apagaron las luces, volví a tener la sensación de estar dentro de un sueño. Hacía tan solo una semana que mi vida era otra totalmente distinta, pero la de ahora me gustaba mucho más. Por lo menos era más imprevisible, sorprendente y rica.

El silencio inicial, el sonido de los pasos de los actores sobre el escenario, los ropajes, el olor a madera y las telas gruesas en movimiento. Quietud absoluta en un patio de butacas repleto de seres expectantes. Arthur ni siquiera respiraba, tenía el abrigo cuidadosamente doblado encima de sus piernas. Sus ojos enfocaban directamente al escenario, las imágenes y los sonidos pasaban por delante de sus dos faros mientras él captaba lo etéreo. Estoy segura de que no captaba lo mismo que yo, estoy convencida de que cada persona vivía su propio viaje dentro de aquella historia. Yo me había leído el libreto antes de salir del apartamento, pero aun así estaba dispuesta a dejarme llevar por la experiencia. *Tosca* habla de una mujer libre y apasionada con una vida desbordante de amor, pasión, traición y muerte, una de esas vidas que todos idealizamos, pero cuyo tormento acaba por destruir a la protagonista. Estuve totalmente absorta durante las casi tres horas que duró, inmersa en la armonía y la intensidad dramática de aquella historia que me estaban contando de una forma tan bella, tan sentida. El ser humano es realmente generoso al compartir este tipo de creaciones. Cada uno a nuestra manera, compartimos la belleza del mundo, que no es patrimonio exclusivo de los artistas. Ellos la materializan, todos le damos sentido. ¿Qué sentido tendría toda creación si no hubiera nacido para ser vista, escuchada, leída?

Acabé llorando varias veces (no es que fuera algo extraño en mí) y vi que Arthur estaba igual de emocionado. Me miró con cara de *Madre mía, estamos apañados*. Con los ojos rojos parecía un niño pequeño alucinando con todo lo que sucedía. ¡Qué placer cuando reconoces la alegría genuina de alguien! Estábamos compartiendo algo inolvidable y, por más que en un par de días nos despidiéramos para siempre, estaba segura de que nunca olvidaríamos aquello. Yo sentía que estábamos por encima de las butacas, viéndolo todo desde arriba, flotando junto a las notas que emanaban de las gargantas de los cantantes, jugando y revoloteando con ellas, como los niños de Mary Poppins cuando se meten en el dibujo del pintor callejero y suben a lomos de unos caballos de tiovivo flotantes. En aquel momento Arthur y yo éramos dos niños atentos y eminentemente felices.

Cuando cayó el telón, los aplausos siguieron durante largos minutos. La ovación era generalizada. Aprovechamos para salir antes de que nos pillara la marabunta y caminamos en silencio durante todo el trayecto hasta que nos separamos para irnos cada uno a nuestros respectivos hogares. No teníamos nada que comentar. Creo que todavía estábamos saboreando el momento. Yo, con mi abrigo negro cubriendo la multitud de sensaciones que tenía en el cuerpo del increíble espectáculo que acabábamos de presenciar, con una sonrisa suave y una sensación de agradecimiento inexplicable. Él, con su largo abrigo verde militar y el pelo desordenado, con la cabeza baja, pensativo e inspirado, caminando a paso ligero y calmado a la vez. Nos detuvimos en una esquina mal iluminada.

—Ha sido increíble, y cuando algo es tan increíble prefiero no ponerle palabras ni añadir mucho más —dijo.

—Sí, es difícil ponerle palabras. Un gusto compartirlo, Rimbo —le dije sonriendo y con una especie de reverencia teatral—. Nos vemos mañana. Descansa.

Nos dimos un abrazo largo y sincero que sentí lleno de honestidad y cercanía y nos separamos sin más. Igual que el espectáculo no necesitaba palabras para ser explicado, yo sentía que nuestra relación era tan única que no estaba sujeta a ningún tipo de código social, y aquello me gustaba. Compartíamos momentos por el simple gusto de hacerlo, no fingíamos, no intentábamos llenar el silencio con comentarios huecos, no creábamos contactos forzados. Él, como yo, también vivía dejándose llevar. Yo lo había descubierto hacía muy poco, pero él parecía ser un maestro en el arte del dejarse ir. De ahí su paz.

Quise prepararme una pequeña mochila para el día siguiente. Metí, por supuesto, una libreta y un boli, un paquete de nueces, un libro de poemas de Rimbaud que justamente me había llevado al viaje porque era pequeño y ocupaba poco y una botella de agua. Pensé en buscar algo de información de Charleville antes de acostarme, pero decidí que también esta vez me iba a dejar sorprender. Este *modus operandi* me estaba encantando. Lo único que recordaba de Charleville, lo único que había en mi imaginario, era la atmósfera opresiva de un plácido pueblito de provincias, un lugar absolutamente carcelario para alguien como Rimbaud, que se ahogaba en él y que huyó en cuanto pudo, pero que, aun así, marcó su vida y su poesía de una forma indiscutible.

Me puse el despertador muy temprano, quería desayunar tranquila y caminar hasta la estación. Me quedaban pocos días en París y ya me empezaban a entrar la nostalgia y las ganas de callejear por la ciudad eterna. Dentro de poco volvería a estar en Barcelona. Pero no iba a pensar en eso. De momento seguía en París, y al día siguiente conocería el hogar de *Rimbo*.

«Al menos en la oscuridad se aprende algo. Particularmente se valora la importancia de la luz».

Sin más, me vinieron a la cabeza esas palabras de Mario Benedetti que un día leí en uno de los muchos libros suyos que tengo apilados en casa: *Vivir adrede*. Siempre me ha fascinado la forma incomparable de escribir y transmitir de Benedetti. Sus textos son como orgasmos para mis delicados sentidos. Es una frase tan cierta, tan real... En mis horas más oscuras fue cuando empecé a valorar la luz que había a mi alrededor y que no veía. Y es que, si lo pensamos, la vida nunca nos deja en una oscuridad absoluta. Incluso los agujeros negros del universo atraen la luz, aunque sea para engullirla y acabar transformándola en algo distinto. La vida no nos va en contra, aunque a veces sintamos verdaderas dudas al respecto. La vida va a nuestro favor, está de nuestra parte. Más que nada porque nosotros somos partes de esa misma vida que nos ha creado, de la que venimos y a la que, más tarde o más temprano, vamos a regresar. Es como si de esta VIDA, que es la creadora de todo cuanto existe a nuestro alrededor, se fueran desprendiendo trocitos y que cada trozo se acabara convirtiendo en un ser que crece y se transforma. Y, en el caso de los afortunados seres humanos, tenemos la posibilidad de utilizar las palabras, que son las que le dan sentido a todo, las que nos permiten pensar, reflexionar, comprender, aprender, soltar... Sin ellas no seríamos más que animales salvajes que luchan solo por mantenerse en pie. Y ya. De hecho, en el fondo, en nuestra esencia, somos todos así, aunque algunos hemos sido premiados con el regalo de la consciencia, y por ello podemos experimentar una existencia infinitamente más rica, valiosa y placentera.

Otra frase vino a mi cabeza: «Cada uno está atrapado en su consciencia como en su propia piel, y vive en principio solo en ella: de ahí que no se le pueda ayudar mucho desde fuera». ¿De quién era? ¿Dónde había leído esas palabras? Mis preguntas quedaron suspendidas en algún rincón de la habitación, pues mientras me esforzaba sin éxito en resolverlas, caí dormida...

ANÁLISIS DEL PROCESO (IX)

Quiero seguir insistiendo en una idea. No hace falta ir a París, ni gastar mucho dinero en grandes espectáculos, ni ir a ver el estreno de una increíble ópera, ni conocer a un desconocido para superar una experiencia compleja o atravesar un duelo o una pérdida que nos ha dejado el pecho abierto en canal. No hace falta nada de eso. Eso es lo que vive Río, pero también es una metáfora de lo que deberían hacer otras personas que estén en una situación parecida y es importante que se entienda bien.

Río es una mujer muy sensible a la que le encanta el arte en todas sus formas. Una mujer que está descubriendo que puede estar a gusto disfrutando de su propia compañía, empapándose y confundiéndose con el entorno que la abraza y la envuelve tras cada nuevo despertar. Es una mujer consciente, que reflexiona, piensa, se hace preguntas y está muy atenta para que no se le escape ninguna respuesta.

Había planificado disfrutar por fin de su primera ópera y tenía que ser en París. Y aunque ese viaje estaba siendo algo distinto a lo que ella había planeado, no dudó en acudir, aunque tuviera que ser sin acompañante. Pero apareció pelorrojo y siguió su intuición. Lo invitó y pudo compartirlo con él.

Y es que, a pesar de que sea importante saber saborear cualquier momento incluso estando a solas, no olvidemos que por nuestro carácter social, cuando estamos bien acompañados todo se hace muy especial, agradable y placentero. Río quiso aprovechar que la vida le había puesto esa alma que parecía tan bonita en su camino y decidió vivirlo con ella. Dejarse llevar, no poner trabas, fluir, deslizarse suavemente como el agua que recorre un río, amoldándose a él, avanzando por él... en él...

Estoy convencida, por otro lado, de que más de uno habrá sentido una pequeña decepción al no haber un beso o alguna señal de enamoramiento, de atracción o de deseo entre ellos... Estoy convencida de que los lectores más románticos han echado de menos que ocurriera *algo más*. Pues bien, ese *algo más* no está precisamente porque no debe estar. Se trata de un problema muy frecuente y habitual. A la que empezamos a levantar cabeza tras una ruptura que nos ha destrozado, en cuanto comenzamos a vislumbrar los primeros rayos de luz, conectamos con una euforia que nos renueva la positividad, la alegría y el optimismo. Eso nos vuelve más atractivos hacia los demás, más osados y lanzados y es entonces cuando como por arte de magia, encontramos a alguien que parece que nos hace caso, a quien parece que le gustamos y, presos por la fascinación y el encantamiento más absolutos, nos dejamos llevar. Y ahí está nuestro gran problema. En vez de darnos tiempo para disfrutar de nuestra propia compañía, analizando lo ocurrido y tratando de aprovecharlo para conocernos más y mejor, ponemos el foco y toda la atención en ese *otro* que nos ha dejado obnubilados. Y es que llevamos esa cultura romántica muy adentro. Necesitamos fantasear, necesitamos sentirnos deseados, necesitamos sentir que el amor de pareja está en nuestra vida para que todo pueda fluir con normalidad. Pero no. No es necesario que sea así. Eso solo nos lleva a aplazar el gran aprendizaje que tenemos al alcance, a postergar la reconstrucción de nuestra autoestima, a desprendernos de una oportunidad de crecimiento de valor incalculable. Ahí es donde habita la verdadera madurez, pero es cierto que no siempre estamos preparados para instalarnos por fin en ella.

Río ha trascendido esa necesidad, por lo menos en este capítulo de su vida. Se permite disfrutar de las personas con las que se va cruzando, se emociona con sus muestras de cariño, de vulnerabilidad, de compasión. Conecta con la gratitud más profunda y el asombro más absoluto, y sigue su camino hacia el gran despertar. Está emocionada al darse cuenta de que la vida está de su lado. De que la protege y la cuida con mimo y cariño, lejos de lo que pensaba hace apenas unos días. Y es que sentirse cuidado por la vida es una de las experiencias más placenteras que existen.

DÍA 8 D. P. - VIERNES

Sonó el despertador a las ocho, pero yo ya llevaba un buen rato despierta, como cuando éramos pequeños e íbamos de excursión, con una mezcla de paz y nerviosismo en el estómago.

Pensaba en Rimbaud. Apenas existen imágenes de él y las pocas que hay son de cuando era un adolescente, un jovencito rubio con cara de no haber roto un plato y ojos de diablo. Es como si después de los veinte no hubiera existido… Me explota la cabeza cuando pienso que a esa edad dejó de escribir para siempre y que lo que hizo entre los dieciséis y los veinte lo convirtió en una de las figuras más inspiradoras de la literatura universal.

Salí del calor acogedor de la cama, cogí la ropa y me metí rápido en la ducha. Me puse unos vaqueros desgastados y un grueso jersey marrón encima de varias capas de ropa. Quería desayunar algo, no me gusta salir a la calle con el estómago vacío, pero lo cierto era que lo tenía completamente cerrado, así que cogí mi mochila y salí caminando en dirección a la estación. Iba sobrada de tiempo. Eran las ocho y media de un viernes, la ciudad rebosaba de vida, se notaba que también llevaba rato despierta, como yo. Me hice consciente de que en dos días cogería un avión de vuelta a casa y de repente quería quedarme con todos los detalles.

Conforme me acercaba a la Gare de l'Est, en el distrito 10, el movimiento se incrementaba, se aceleraba, el número de mochilas y maletas en los viandantes iba en aumento. Yo había estado en la estación Gare du Nord, que se encontraba a solo diez minutos de la de l'Est, y me había impresionado por su grandeza y elegancia. A pesar de estar ya acostumbrada a la belleza de la ciudad, pues cada día había experimentado momentos de sublimación, la visión de aquella estación me impactó mucho, con todo su baile de gente. Había quedado con Arthur a las nueve y media bajo el reloj de la entrada principal, pero no eran ni las nueve y cuarto y yo ya estaba allí. Ni rastro de pelorrojo. Aproveché para entrar en la estación. Al bullicio de la gente y el sonido de las maletas y los anuncios de la megafonía, se unía el ruido y el silbido de los trenes. La vida en movimiento. Busqué un bar y me compré un bocadillo, aunque seguía con el estómago cerrado. Suponía que hasta que no estuviera sentada tranquilamente en mi asiento no conseguiría ingerir ningún tipo de alimento. Cuando me dirigí de nuevo a la entrada principal, Arthur ya estaba allí, mirando alrededor. ¿Por qué siempre llegaba antes que yo?

Nuestro tren salió a las diez en punto. Nos acomodamos en mitad de un vagón tranquilo, en una de esas zonas que tienen cuatro asientos y una mesa en medio. Me senté al lado de la ventanilla, en el sentido de la marcha, y Arthur se sentó delante de mí. El tren arrancó. El traqueteo siempre me ha parecido agradable, es el medio de transporte favorito de muchísimas personas, entre las que me incluyo, y ese día averigüé que también el de Arthur.

—Dicen que inconscientemente nos recuerda al útero materno. Es como si te acunaran y te llevaran dentro —me explicó.

—Ah, ¿sí? No lo había pensado, pero sí que aporta la sensación de sentirse a salvo. Cuando voy en tren, en un trayecto largo, a veces siento que no me puede pasar nada. El mundo se detiene. Silencio el teléfono, silencio mi mente y miro el paisaje, leo algún libro o me adormezco —le dije.

—Hay algo de eso, sí. También el hecho de dejar de controlar el tiempo y el espacio. Sabés que llegarás a donde debes y que nada de lo que tú hagas puede adelantar o retrasar la llegada.

Seguimos un rato en silencio y, de repente, el tren salió de los túneles. Me acomodé. Estaba muy a gusto. Hacía calor y tuve que quitarme el jersey. Arthur sacó un libro estropeado y se puso unas gafas redondas que llevaba en la chaqueta. Me hizo sonreír. Realmente era un personaje maravilloso.

—Pareces un intelectual —le dije.

—¿Qué es eso? —preguntó con ironía.

—Gesto serio y atento, desgranando las páginas de ese librito... —le dije.

—Solo estoy leyendo. No me pongas etiquetas que me limitan —contestó.

—Cierto, perdón. Pareces un hombre que lee.

—Eso me gusta más —dijo sonriendo—. ¿Cómo va tu corazón roto? ¿Querés hablar de ello?

Me desconcertó la pregunta.

—Mmm, ¿qué corazón roto? No le pongas etiquetas a mi corazón, por favor.

—Ahí estuviste rápida. —Se rio.

—Pues, ¿sabes que ya ni lo pienso? ¿Se puede curar un corazón herido tan rápido? Me desconcierta. Es que ni me acuerdo de mi ex, te lo digo en serio, y hace tres días andaba llorando por los rincones...

—Se puede. Sí, supongo que cada corazón, cada relación y cada persona tiene sus propios ritmos y procesos. Supongo que venir aquí sola te ha disparado la curación. En lugar de quedarte en casa lamiéndote las heridas has decidido venir, salir, visitar lugares nuevos, disfrutar de la belleza que nos ofrece el mundo, y la belleza del mundo se te metió dentro —dijo él.

El tren seguía con su mágico traqueteo y un sol tímido empezaba a entrar por los ventanales.

—He pensado mucho estos días en el cambio de estado que se ha producido dentro de mí. He sufrido una transformación que no sé cómo ha sucedido. De repente todo fluye y tengo ilusión por las cosas, estoy tranquila e incluso me atrevería a decir que me siento... feliz —le dije.

—Nada sucede de forma mágica. Lo que percibes y ocurre fuera y lo que vives dentro de ti está totalmente conectado.

—Desarrolla, por favor —le pedí.

—Como es afuera, es adentro. ¿Conocés los principios universales?

—Mmm, ¡no! Pero soy bastante escéptica con esas teorías raras.

—Bueno, lo que significa es que lo que vivís en el mundo externo está condicionado por lo que sentís en tu mundo interior. Y de la misma manera, lo que sentís dentro de ti, está condicionado y determinado por lo que ocurre fuera. Mirate, a pesar de sentirte rota por dentro, no has dejado de esforzarte por seguir exponiéndote a la armonía y la belleza del mundo en el exterior. Dejar de ver, hablar y habitar el entorno en el que todo eso se rompió creo que te ha ayudado a salir de allí. No se trata de hacer ver que no existe, ojo, sí de aceptarlo. En lugar de quedarte enganchada al dolor, vos seguiste moviéndote hacia fuera y hacia adelante, y, aunque has tenido y tendrás momentos oscuros, gana todo lo demás, que es mucho más rico y más grande. —Hablaba de forma pausada, moviendo sus manos al hacerlo.

Me quedé un rato pensativa, mirando por la ventana.

—Pero, si como es afuera es adentro, y como es adentro es afuera, cuando estaba mal debería haber visto el mundo externo sin esperanza, sin apreciar la belleza. ¿Por qué se ha metido lo de afuera adentro y no lo de dentro afuera?

—Seguramente te ha pasado también, ¿no? —me preguntó.

—Bueno, en cierta manera sí, los primeros días París me parecía un poco hostil, es verdad. Todo lo veía negro. Gris. Triste... Tienes razón, lo veía igual que estaba yo por dentro.

—Eres muy sensible a la belleza del mundo, Camille, y eso ha acabado ganando, ha acabado calando en ti poco a poco hasta iluminarte por dentro, hasta que has tenido que rendirte y aceptar la belleza que habitaba a tu alrededor.

Esas palabras me emocionaron. Arthur tenía una forma de hablar con la que sintonizaba en un nivel muy profundo.

—Gracias —le dije.

Arthur sonrió y siguió leyendo su desgastado libro. *Aforismos sobre el arte de vivir* de Schopenhauer. ¡¡Schopenhauer!! ¡Claro! La frase que la noche anterior tenía en la cabeza era de Schopenhauer, de quién si no. Sonreí al percatarme de esa nueva coincidencia entre Arthur y yo...

—¿Sabes?, ¡me encanta Schopenhauer!

—¿Tú no te aburres nunca, verdad, Camille? —preguntó mientras esbozaba una sonrisa pícara... Como si me conociera ya lo suficiente como para tener clara la respuesta.

—¿Aburrirme yo? ¡Qué va! No tengo ni idea de qué es eso... Hay demasiadas cosas interesantes en esta vida como para aburrirse... ¿A qué viene esa pregunta?

—Me alegra oír eso. Según el maestro Schopenhauer, uno de los que más me inspiraron durante la carrera, «El aburrimiento procede de la indigencia y la vaciedad de espíritu», así que, enhorabuena por convertirte en un ser que se dedica a llenar su espíritu de cosas que le enriquecen.

—¿Estudiaste filosofía? —Confieso que, aunque ni por un momento lo habría imaginado en un entorno universitario, tampoco me sorprendió demasiado ese dato. Tal vez porque realmente estaba logrando dejar de categorizar y dar por sentadas determinadas cosas de los demás.

—Sí, ante ti un filósofo licenciado... Pero ese es un capítulo para desgranar en otro viaje. Y ahora, si me permitís, quiero deleitarme con mi amigo Arthur...

Me reí y aproveché para coger mi bocadillo y degustarlo pausadamente mientras el paisaje de fuera se movía ante mí como los fotogramas de una película antigua.

Próxima parada: Charleville-Mézières. Arthur se había quedado dormido con el pelo aplastado en el cristal de la ventana y el libro abierto boca abajo en la mesa. Carraspeé con fuerza para que se despertara, pero no funcionó. Carraspeé una segunda vez y movió la nariz y los ojos, que siguieron cerrados. Me puse mi jersey y, mientras recogía mis cosas para bajar, una niña gritó al pasar por nuestro lado y Arthur se despertó sobresaltado.

—¡Estamos llegando! —le dije.

Él estaba todavía algo aturdido cuando bajamos del tren.

—Dicen que aquí casi siempre llueve, pero hoy hace un sol espectacular —dijo.

Un sol redondo y generoso brillaba frente a la estación de Charleville. Acababa de llegar al pueblo en el que nació Rimbaud casi doscientos años atrás. Ya era una miniciudad. Charleville se había anexionado en todos estos años a poblaciones cercanas y también el número de habitantes era mucho más numeroso que cuando el *enfant terrible* callejeaba asqueado por sus calles.

—¿Ese es Rimbaud? —pregunté a Arthur.

Un busto se erigía en el centro de la plaza de la estación.

—¿Quién si no? —Su sonrisa le iluminó la cara.

Nos acercamos tranquilamente a la estatua. El busto era la cabeza de un adolescente mirando al frente muy serio.

—Pero no parece él —dije.

—No. Ni las facciones ni el gesto. Nada.

—Vaya...

En los cuatro lados de la base del busto estaban escritos en letras doradas los títulos de cuatro de sus obras más importantes: *Iluminaciones, Una temporada en el infierno, El barco ebrio* y *Vocales*.

—Es la tercera estatua que se pone en la plaza, las anteriores desaparecieron durante las dos grandes guerras. Dicen que cuando se inauguró, en 1901, diez años después de su muerte, vino el hermano de Arthur a hacer acto de presencia, porque su madre era incapaz de verlo. La mujer dejó incluso de pasar por esta plaza cuando lo colocaron —explicó Arthur.

—Es curioso que le hayan puesto aquí una estatua, porque él detestaba esta plaza, una plaza «donde todo es correcto, los árboles y las flores», decía con desprecio —recordé.

Paseamos por las calles de Charleville. Yo estaba feliz y me atrevería a decir que Arthur también parecía ilusionado. Él había estado varias veces, pero hacía ya mucho tiempo, según me dijo. Teníamos muchos lugares por visitar, aunque, sin duda, lo que había hecho famosa a la localidad era ser la cuna de Rimbaud, y por eso deslizarnos por aquellas calles era un poco como seguir sus pasos, pues había muchísimos rincones dedicados al poeta. En cierta manera, *Rimbo* iba caminando a mi lado, pues tal y como le dije el primer día a pelorrojo, el espíritu del poeta estaba en sus ojos. Su energía juvenil y chispeante, su apariencia de niño eterno y soñador que va a la suya me recordaba irremediablemente al Arthur original, por lo menos a mí. No habría podido escoger mejor acompañante.

Tras un largo paseo por las calles más céntricas, nos sentamos a comer en la terraza de una plaza adoquinada. El sol del mediodía reinaba en el cielo como un gran faro sobre nosotros.

—Arthur, me siento muy feliz de estar aquí hoy contigo. Te agradezco mucho que propusieras esta excursión porque es algo que voy a llevarme para siempre.

Arthur se limitó a sonreír. Yo ya sabía que era parco en palabras. Lo invité a comer, me sentía tan agradecida…

Por la tarde visité la casa natal de Rimbaud. Él se quedó fuera porque ya la había visitado anteriormente, y me tomé todo el tiempo del mundo para respirar el mobiliario, las fotografías y los textos que daban vida a aquel lugar en el que nació el niño maldito. El niño maldito que se fugó varias veces de casa y se embarcó rumbo a París para disgusto constante de su recta y estricta madre. Vivió en Bruselas, en París, en Liverpool, en Adén... pero yo estaba en el lugar en el que había nacido, así que demoré la visita todo lo que pude. Me hubiera quedado a dormir allí, escondida en un armario, si Arthur no me esperara fuera. Aunque seguro que él me hubiera entendido.

Al salir el sol ya iba palideciendo, pero nos quedaba visitar su tumba, en el cementerio de la avenida Boutet. Subíamos en silencio por una calle bordeada de castaños cuando, de repente, una tristeza pequeña se apoderó de mí. El lugar era sombrío. Entendí un poco la nostalgia amarga que siempre sintió el poeta por ese lugar.

—Entiendo que Rimbaud se fugara de casa siempre que podía... —dije en voz alta.

—Sí. Las personas como él se descomponen en lugares como este. Uno se volvería loco... Imagínate, el niño prodigio, con una mente tan ávida de conocimiento, tan adelantado a su época, tan rebelde, tan enfadado con el mundo. Era una bomba de relojería acá encerrado —contó Arthur.

Entramos en el cementerio, que era el más viejo de la ciudad. Charleville tenía ahora otros. La población iba aumentando y los muertos también, claro. Arthur me señaló un viejo buzón amarillo que había en la entrada. Era el buzón de Arthur Rimbaud.

—La gente le dejaba cartas en la tumba, pero como también llegaban muchas otras por correo de todo el mundo, decidieron ponerle este buzón —explicaba Arthur.

—Pero ¿quién recoge el correo?

—El vigilante del cementerio vive en esa casa de ahí y va guardando todas las cartas en cajas de zapatos. Tiene una habitación entera llena de cartas, fotos y CD.

Caminamos en silencio entre las lápidas. Era el segundo cementerio que visitaba en una semana, aunque este no estaba en mis planes. Cuando nos estábamos acercando a su tumba, Arthur se detuvo y la señaló para que me acercara yo sola. Qué importante es ir acompañada de personas que viven las cosas como una las vive.

Una gruesa lápida de mármol blanco descansaba en mitad de un espacio cuadrado bordeado por una pequeña valla metálica. Tras ella, dos tumbas, coronadas por dos cruces, con inscripciones. A la izquierda estaba la de Vitalie Rimbaud, la hermana del poeta, muerta a los diecisiete años. A la derecha, la de Arthur, que falleció a los treinta y siete. Sus nombres, la edad, la fecha de muerte y un escueto *«Priez pour elle»* y *«Priez pour lui»* en cada una de ellas. Cerré los ojos, respiré y me emocioné. Al cabo de un rato sentí la presencia de pelorrojo a mi lado. Puso su mano sobre la mía a modo de consuelo.

—Estoy bien —le dije. Solo que me emociono.

—Ya lo sé.

—He estado en dos cementerios esta semana. Visité la tumba de Simone de Beauvoir el martes o el miércoles, ya no me acuerdo… Y hoy la de Arthur Rimbaud. Los dos están en tumbas dobles. Me parece bonito. Sabes, creo que aquel día dejé toda la oscuridad que había traído conmigo en el cementerio de Montparnasse. Al salir tuve un momento de felicidad y de plenitud por primera vez en mucho tiempo en el Café de Flore. Y ahora, estando aquí, me ha venido a la mente todo aquello. Creo que fue justo ahí cuando empezó a cambiar todo. Y pensaba en cómo llegué a París, en cómo me crucé con tus ojos nada más coger el metro, en que yo solo tenía ganas de llorar y tú me viste y, no sé, tu mirada transparente me calmó. Y he transitado esta semana por un montón de lugares increíbles, por fuera y por dentro. He pasado por un montón de estados emocionales que no sabía cómo sostener los primeros días y que poco a poco se han ido a acomodando dentro de mí. Y no sé muy bien por qué has aparecido en mi vida, Arthur, porque casi no hablas, pero cuando lo haces es como si me curaras por dentro. Y tengo que darte las gracias, siempre, por ayudarme, aunque lo hayas hecho sin darte cuenta —le dije.

Arthur estaba enfrente de la tumba de Vitalie, yo delante de la de Arthur. Empezó a hablar:

—Creo que todas las personas con las que nos cruzamos, absolutamente todas, tienen algo que enseñarnos. Siempre hay un aprendizaje latente. El agradecimiento es mutuo, Camille, gracias por acompañarme hoy también, por dejarte llevar y caminar a mi lado hasta aquí. Tú has sanado tu corazón roto en menos de una semana. Yo todavía no he logrado sanar el mío y llevo más de tres años intentándolo. He aprendido a estar solo, pero no porque crea que es la mejor manera de vivir, yo no he logrado sentir la admiración que sientes tú por la vida de afuera y hacer que eso me alumbre dentro. —Miraba hacia delante.

—¿En serio? Me dijiste que habías perdonado, a ella y a ti...

—Y lo hice, pero eso no quiere decir que no siga roto. Yo me sé muy bien la teoría, pero no he sabido llevarla a la práctica. Tú no tienes ni idea de teoría y has sido capaz de cambiar tu estado sin apenas darte cuenta, solo por intuición. Quizá es eso lo que yo tengo que aprender de ti —dijo.

—Arthur, yo pensaba que tú estabas de vuelta de todo esto, muy por encima de mí —le dije sorprendida.

—¿Por encima de ti? Soy humano. Como tú, como Rimbaud, como Vitalie... Nadie está por encima de nadie.

—Me refiero al amor romántico... Creí que habías trascendido todo eso, no sé por qué.

Me quedé sin palabras.

—Siento defraudarte. Soy argentino y sigo enamorado de alguien que no me quiere —dijo.

No pude evitar reírme. Me apresuré a aclarar mi reacción.

—No, no, ¡no me malinterpretes! En realidad, sabiendo esto te siento más cerca. Que me muestres tu vulnerabilidad es un regalo que aprecio infinitamente, te lo aseguro... Es solo que no creo que el enamoramiento dure más de unos pocos meses y tampoco creo que se pueda amar a alguien que no nos ama. Creo que se trata más bien de una idealización, de nostalgia, de añoranza de unas expectativas fallidas y que nunca serán... En cualquier caso, supongo que eso es parte del proceso que debes ir transitando... De todas maneras, hay algo en lo que no te falta razón: eres un gran teórico.

—Tal vez, pero sin duda me falta la práctica. Pensaré en lo que me has dicho... Te agradezco tu punto de vista —dijo él.

El vigilante del cementerio interrumpió la conversación para decirnos que estaban a punto de cerrar. Y nosotros teníamos que darnos prisa si no queríamos perder el tren a París. Bajamos la avenida a paso ligero. La conversación se quedó flotando sobre la lápida de Arthur y Vitalie Rimbaud en el cementerio de la avenida Boutet. El sol había desaparecido por completo. Las farolas de Charleville se habían encendido. Eran amarillas, como el buzón de Rimbaud. Corrimos hacia la estación y subimos al tren. Las puertas se cerraron poco después de que hubiéramos subido. El vagón estaba vacío. Escogimos los mismos asientos en los que habíamos venido. Estábamos cansados, yo no sé si él se durmió, pero en cuanto empezó el traqueteo se me cerraron los ojos y soñé con dos niñas y dos niños jugando a orillas del río de Charleville. Dos de ellos eran Arthur y Vitalie Rimbaud, los otros éramos pelorrojo y yo. Yo también tenía el pelo rojo.

ANÁLISIS DEL PROCESO (X)

A lo largo de este día, Río nos demuestra claramente que ya ha salido de la parte más oscura de su tormenta personal. Nos demuestra que está mirando hacia adelante, que ya no lamenta las pérdidas del pasado y que se deja asombrar por todo lo que la vida tiene para regalarle. Lo observa todo con el asombro de un niño, con esa capacidad de maravillarse ante cualquier detalle inesperado que aparezca tímido ante ella. Es algo que, cuando ocurre, resulta increíble, muy recomendable y extremadamente sanador.

Observemos la enorme diferencia entre adoptar el papel de víctima, es decir, caer en el bucle de lamentar la inevitable pérdida de quien se fue porque ya no quería estar ahí, y el de celebrar las incontables sorpresas que nos regala la vida cuando le damos un voto de confianza, le abrimos los brazos y nos lanzamos a la aventura de vivir. Se trata de dos estados radicalmente opuestos. Dos experiencias que nada tienen que ver la una con la otra. Caer en el absurdo y lamentable victimismo nos apaga, nos consume y nos aísla poco a poco de la luz y el color. En cambio, decidir tomar partido, responsabilizarnos de nuestra parte y decidir con qué cartas queremos jugar, nos ayuda a descubrir que hay opciones infinitas y que la vida siempre se guarda una mano que nos puede ayudar. Porque la vida es buena, la vida está de nuestra parte y jamás mueve una ficha al azar.

Llega un momento en el que Río ya no se plantea si lo que hace está bien, si es lo que toca o si le apetece de verdad. Simplemente se deja llevar. Como un niño que se mueve por su instinto y sus deseos más esenciales. Y es que, cuando actuamos guiados por nuestra intuición, nunca nos equivocamos. Nuestra intuición siempre nos guía hacia aquello que sentimos y deseamos de verdad y cuando hacemos esto, no hay lamento posible. Siempre se acaba conectando con la gratitud. Porque nuestra intuición está conectada con la vida y esta siempre nos guía hacia la verdad. Y cuanto más se conectaba Río con su verdad, dejándose llevar por su intuición, más deprisa se iba sanando. Por eso su mejora era cada vez más rápida los últimos días. Puede parecer que hacer ese clic debería llevarnos mucho tiempo, pero en realidad un clic se hace en un instante. Hay un instante en el que uno dice, ¡ya!, lo comprendí, lo entiendo, ahora lo veo. Y cuando uno lo ve, ya no hay marcha atrás. Ya no hay retroceso posible. Cuando uno logra ver y la venda que tapaba sus ojos se cae, ya no puede volver a ocultar su verdad nunca más.

DÍA 9 D. P. – SÁBADO

Un día. En menos de un día me marcharía de París. Estaba segura de que volvería, pero esa primera vez iba a ser, sin lugar a dudas, completamente inolvidable. Primero porque estaba siendo la clave de la rápida transformación de mi dolor en curación y por todo el huracán emocional que había ido transitando en cada etapa de mi duelo, pero también por pelorrojo y, por supuesto, por la infinita belleza de esa ciudad. Mi primer viaje en solitario había superado con creces todas mis expectativas. Aunque la soledad hubiera sido involuntaria y aunque dichas expectativas fueran muy bajas, pues había llegado casi a regañadientes por insistencia de mi hermana. Esas largas caminatas, las lágrimas, la rabia inicial, todas las visitas culturales, el vagabundeo a la deriva y el permiso de dejarme llevar por la vida en lugar de intentar controlarlo todo, me habían llevado a un momento de paz expansiva que nunca antes había experimentado con tanta intensidad ni con tanta consciencia. Me gustaba la Río que iba a volver a Barcelona, una Río que había integrado a la que llegó, rota y perdida, y la había acompañado e impulsado a una nueva forma de ver y vivir la vida. Ese pensamiento me llevó a recordar que alguien me dijo una vez «si lo que quieres es vivir en paz contigo en el cielo, antes tendrás que pasar una temporada en el infierno». Puede sonar oscuro o pesimista, pero lo cierto es que el infierno puede tener muchas formas, y yo había transitado por el mío los primeros días del viaje. Recuerdo lo que me había costado vestirme y ponerme las deportivas para salir a correr una tarde y cómo la felicidad de los demás se me clavaba dentro haciendo más grande mi desgracia. Recuerdo cómo lo único que me distraía del vacío que habitaba entre mis costillas era la visión momentánea de alguna escultura, cuadro o edificio cuya belleza, sin yo darme cuenta, se me fue metiendo dentro. La teoría de pelorrojo era acertada. Pero más allá de su teoría y, aunque él era muy consciente de cómo había sido mi proceso de sanación, no había podido aplicarla para sí mismo y seguía arrastrando el peso de su tristeza. Yo también le estaba haciendo de espejo a él. Estaba segura de que nuestro encuentro había sido catártico para los dos y nos daríamos cuenta al cabo del tiempo, nos recordaríamos siempre con cariño. La vida me había puesto ante él para mostrarle que la sanación total de un corazón roto es posible, por más improbable que pareciera. La vida le estaba diciendo: *Mira a esta mujer, obsérvala porque solo tú eres capaz de ver la profundidad de su dolor, que es como el tuyo, y mira cómo lo ha transformado en tan solo unos días. Es posible Arthur, te juro que es posible.*

Quería aprovechar bien mi último día en París, no había planeado nada, aunque tenía claro que me pasaría el día en la calle y no regresaría al apartamento hasta tarde. Cogí mi bolsa y metí algunas cosas. Me abrigué con varias capas de ropa, ya que estaba nublado pero el cielo estaba de un gris plateado que se reflejaba en todas partes, y era precioso. Ciudad brillante de papel de plata. Salí a la calle la penúltima vez que cruzaría esa puerta para volver más tarde, la última sin una maleta; y eché a andar. Me dirigí hacia el final de la calle, a la esquina, por donde había pasado tantísimas veces esos días, que estaba colonizada por una tienda de flores y plantas de todo tipo: flores frescas y ramas secas, raíces, arbolitos con frutas... Era un minibosque en plena calle, un oasis en mitad del cemento. Me adentré en la floristería y el interior era aún más frondoso, olía a verde y había tal variedad de plantas distintas que me costaba elegir. Solo faltaba el sonido de algunas aves exóticas para teletransportarme por completo a una selva fuera del tiempo. Buscaba algo colorido, así que al final me decidí por un ramo de flores rojas y granates. Siempre me ha gustado la combinación entre el verde oscuro y el granate y, aunque yo no era mucho de flores, por algún motivo estaba segura de que a Manon le encantarían. Las compré sin darle más vueltas.

Cuando entré con mi ramo en el bar, ella estaba ocupada haciendo cafés, de espaldas a la barra. Yo me senté en un taburete y esperé a que acabara. Las flores olían de maravilla. Después de un rato se giró y sonrió al verme.

—¿Y estas flores?

Me puse en pie. Siempre he creído que es importante ritualizar las acciones.

—¡Son para ti! —le dije mientras se las acercaba.

Manon me miró muy seria. No decía nada. Por un momento dudé, llegué a pensar que quizá no había sido buena idea. Me expliqué:

—Mañana me marcho y quería traerte un regalo... Y creo que estas flores quedan muy bien aquí contigo, en este lugar tan especial.

—Nunca me han regalado flores. —Manon estaba visiblemente emocionada.

Cogió el ramo, lo miró, lo olió y se le humedecieron los ojos. Me miró y sonrió dulcemente.

—Muchas gracias, Río, de corazón.

Manon salió de la barra, dio la vuelta con su ramo y vino hacia mí. Me abrazó tan fuerte y tan largo, que, de todo lo grande y hospitalaria que era, casi me hace desaparecer en su interior.

—Gracias a ti, Manon, por escucharme y alimentarme estos días.

—¡¿Quieres leche de avena?! —preguntó con media sonrisa.

—La duda ofende, Manon.

—¡Marchando! Pongo el ramo en agua y te preparo un café con leche de avena y un cruasán. ¡Hoy invita la casa!

Estuve desayunando y charlando con ella durante un buen rato. Le aseguré que, aunque me iba al día siguiente temprano, me pasaría de visita la siguiente vez que fuera. También le hablé de Charleville y de pelorrojo. Nos despedimos con dos sonrisas de oreja a oreja y salí a caminar. Bordeé el río durante un largo rato; el agua también tenía color del papel de plata. Sentí la plenitud en mí de nuevo, una emoción de profundo agradecimiento y cierta nostalgia. Me estaba despidiendo de París con aquel paseo pausado. Me senté en un banco que estaba rodeado de hojas secas y observé. Quería hacerme plenamente consciente del momento vital en el que me encontraba, habiendo superado, casi sin darme cuenta, la ruptura más dolorosa de mi vida. Me sentía plena, reconstruida, más fuerte que nunca y, lo más importante, feliz.

Me comí una pizza en un lugar donde el dueño hablaba fatal a sus camareros e incluso a los clientes. Estuve a punto de decirle algo, aunque creo que con mi mirada se lo decía todo. La pizza estaba buenísima, pero como el ambiente no era muy agradable, comí bastante rápido y me fui para seguir deslizándome por la ciudad plateada. Caminé, caminé, caminé. Pasé por lugares por los que no había pasado antes. Cuando llegaba a alguna zona que se me antojaba fea, retrocedía o hacía un cambio de sentido; no quería alejarme de la belleza en mi último día.

A media tarde paré a merendar en un local precioso llamado *Angelina París*, en la rue de Rivoli. Aquel día entero era un regalo en sí mismo. Había una cola larguísima y estuve a punto de darme por vencida, pero, al decirles que iba sola, enseguida encontraron un hueco para mí y me dejaron pasar. Otra de las ventajas de viajar sola: cabes donde no cabe casi nadie, te cuelas en espacios hiperpoblados sin que apenas nadie repare en ti. La soledad me ayudaba a estar menos distraída, más centrada y más consciente, pues no había nadie a mi lado que me alejara de mi centro. Y, desde luego, la decisión de dejar el móvil a un lado había sido un grandísimo acierto. No lo cogía ni para hacer fotos. Prefería registrarlo todo en mi memoria.

Angelina París era un salón de té de principios del siglo xx, refinado, elegante, del estilo *belle époque*. Era uno de los lugares que me habían recomendado antes de mi viaje, y como mis planes se habían ido todos al traste, o mejor dicho *habían cambiado* (tenía que dejar de utilizar esas expresiones y comentarios victimistas porque ya no me sentía así y no encajaban conmigo), había dejado de ir a algunos lugares maravillosos. Pero París es una ciudad para ser visitada muchas veces, así que tendría tiempo. Por lo pronto, esa tarde disfruté de *Angelina*. Qué lugar tan mágico. Pedí una infusión con avena y un *Éclair au chocolate* que recé para que no acabara nunca. Qué cosa tan indescriptiblemente deliciosa. A decir verdad, el rato que pasé allí fue de esos que te quedan grabados en la retina y en cada poro de tu piel para siempre. Fue un momento parecido al de Café de Flore. El entorno, la sensación de plenitud, el delicioso Éclair con sus texturas de chocolate expandiéndose por mi boca… Me quedé bastante rato allí, llevaba todo el día caminando y no hubiera podido encontrar un entorno mejor para descansar.

Saqué mi libreta y estuve anotando ideas sueltas, observaciones de cosas que veía o me venían a la cabeza, hasta que miré hacia fuera y vi que empezaba a oscurecer. Pagué y me marché dirección Montmartre. Tenía muy claro dónde iba, tenía que despedirme de la ciudad desde allí. Estaba lejos y me iba a llevar un buen rato llegar, pero era innegociable.

Al pasar al lado del tiovivo me acordé de Arthur cantando *Óleo de mujer con sombrero*. ¡Cómo se me coló dentro la letra y qué triste que estaba aún ese día! Subí la escalinata del Sacré Coeur a paso ligero, no había demasiada gente y había oscurecido ya. El aire era frío, pero yo lo respiraba profundamente para limpiarme por dentro. Me percaté de la indecente cantidad de candados anclados alrededor de las escaleras, miles de parejas enamoradas los ponían allí jurándose amor eterno o pretendiendo que sus sentimientos perduraran por los siglos de los siglos... No pude evitar sonreír. *Pobrecitos* —pensé—, *cuánto tenían que aprender...*

Tras llegar arriba, me coloqué justo delante de la basílica y me di la vuelta. Estaba en el mirador más espectacular de todo París. Había ido a despedirme. Las luces amarillas de la ciudad a punto de irse a dormir estaban encendidas. Una ciudad que, incluso dormida, no dejaba de moverse. Observé la Torre Eiffel dominándolo todo con su geometría perfecta, los edificios abuhardillados que poblaban todo el espacio, el hueco que se intuía allá por donde corría el Sena. La ciudad era enorme, los edificios se extendían hacia adelante y a los lados hasta donde me llegaba la vista, como un gran manto. Llevaba días callejeando por aquella red de calles, perdiéndome, reconstruyéndome a cada paso sin darme cuenta, empapándome de su energía. De repente se me humedecieron los ojos, tanto que se me derramaron unas cuantas lágrimas. Me emocioné ante aquella gran extensión que era París y que se había convertido en mi hogar en tiempo récord.

Si alguna vez alguien me dice que la gente en París es estúpida y fría, yo les hablaré de Manon; si me dicen que está gobernada por el orgullo y la prisa, les hablaré de Arthur; si me dicen que es la mejor ciudad para ir en pareja, les hablaré de mí y les diré que París es la ciudad del amor universal, del amor propio, no solo del amor romántico. Les diré que se regalen un viaje solos a París, que se pierdan por sus calles y dejen que la belleza de afuera se les meta dentro, que es alquimia pura para el corazón y, sobre todo, para el espíritu.

Empezó a hacer bastante frío. No sabía qué hora era, pero apenas había gente a mi alrededor. Me quedaba por hacer una última visita antes de acostarme. Tendría que madrugar bastante para prepararlo todo, pues, aunque el avión salía a media mañana, llegar al aeropuerto era toda una aventura y antes debía terminar de recoger mis cosas.

Cuando llegué, el aire movía las bombillas amarillas de la entrada. Había varias personas fumando en la puerta, pero ninguna de ellas era él. No sabía por qué, pero estaba algo nerviosa. Nunca me han gustado las despedidas. Entré al precioso bar de mala muerte donde conocí a Rimbo. Las cabezas de los maniquíes seguían en su sitio, apenas había espacio en la barra para sentarse y la zona de las mesas estaba llena. El camarero me reconoció y me regaló una sonrisa. Alguien tocaba y cantaba al fondo. Como no era Arthur, me senté en un pequeño hueco en la barra y me pedí un Apperol con la esperanza de que en algún momento apareciera por la puerta. En realidad no sabía si aquella noche tocaba allí o no, nos habíamos despedido al volver de Charleville, en la Gare du Sud, pero quería darle un último abrazo antes de marcharme.

No sé cuánto rato pasó hasta que vi entrar por la puerta a la chica de la guitarra, la de la voz líquida. Ella se quedó esperando a que su compañero terminara y se dirigió al escenario cuando cesaron los aplausos. Empezó a cantar y la atmósfera se volvió más flexible. La nostalgia se hizo más fuerte en mí, realmente me daba mucha pena marcharme. Miré mi copa y me vino a la mente el cuadro de Manet *Un bar del Folies-Bergère.* Yo tenía toda la pinta de tener la misma expresión que la camarera de aquel cuadro, esperando al hombre que aparece tras ella, en el espejo. Decidí que me acabaría la copa y me marcharía. Estaba cansada y quería regresar al apartamento. Si en aquel momento aparecía Arthur, sería maravilloso; si no, sería porque no nos hacía falta despedirnos. Lo cierto es que los dos teníamos el número de teléfono del otro y ninguno había decidido contactar sabiendo que mañana me marcharía.

Pasaban los minutos y lo único que se deslizaba a mi alrededor era la voz de la cantante, ni rastro de Arthur. Aprovechando que tenía al camarero cerca secando algunas copas, le pedí que me cobrara.

El camarero trajo el datáfono y me miró con amabilidad.

—¿Sabes si hoy vendrá a tocar el chico del pelo rojo?

—¿Pelo rojo? ¿Te refieres a Augusto? —dijo en un acento marcadamente francés.

—El chico del pelo rojo con el que estuve el otro día allí. —Señalé hacia nuestra mesa.

—No lo recuerdo, pero supongo que hablas de Augusto. Los sábados él no toca aquí, pásate mañana por la noche, que lo verás seguro.

—Ah, gracias... —La decepción se debió notar en mi cara, porque el camarero se apresuró a consolarme.

—¡Te esperamos mañana!

—Sí, sí, gracias, pero mañana yo no creo que pueda venir... ¿Le puedes dar algo de mi parte? —le pedí.

—¡Claro!

Saqué de mi bolsa el ejemplar que llevaba conmigo de *Los monstruos que habitan en ti,* el que, sin yo saberlo ni esperarlo, me había acompañado tanto en ese duelo y me había dicho todo lo que yo necesitaba para ir transitando mi duro proceso. Le pedí un bolígrafo al camarero. Abrí el libro y, en la página de créditos, bajo mi nombre real, le escribí una dedicatoria corta, sin pensar demasiado:

Como es adentro es afuera.
Ha sido un placer hacernos de espejo.
Gracias por enseñarme a fluir,
a no preocuparme por lo que no es importante
y a caminar ligero.
Un beso, August.
Camille.

ANÁLISIS DEL PROCESO (XI)

En la vida todo son ciclos, etapas que tienen su comienzo y su final. Todo. Saber aceptar lo que uno no ha elegido, ser capaces de buscar lo positivo que se esconde tras cada contrariedad, poder disfrutar del momento desde la consciencia de su inevitable impermanencia, esforzarnos en encontrar belleza con una nueva mirada, conectar con la certeza de que el dolor y el sufrimiento están ubicados en la antesala del crecimiento, la gratitud y la paz... En definitiva, se trata de madurar, de sanar, de comprender la esencia de nuestra existencia y de recordar qué hacemos y por qué estamos aquí.

Y es que puede que muchos vean el proceso de Río como ridículo o insignificante. Puede que crean que no era para tanto, que son cosas que pasan y que hay que aceptarlas y seguir adelante sin más. Puede que piensen que su propia realidad es mucho más complicada porque han vivido una ruptura y tienen hijos pequeños, una casa a medias o alguna enfermedad. Soy muy consciente de que hay realidades de muchos colores y formas, pero puedo asegurarte que el proceso para recuperarse de una ruptura es el mismo para todas ellas. El proceso de duelo es el que es y tiene los componentes que tiene, y nunca es algo agradable ni que genere comodidad. Es un proceso que uno tiene que realizar dentro de sí mismo, sea cual sea su realidad exterior. Es un camino que debemos transitar a solas dentro de nuestra propia existencia, avanzando lentamente y tratando de no mirar atrás. Porque la salida la tenemos delante, esa aceptación que nos permitirá integrar todo lo vivido, lo sufrido y lo luchado y nos prepara para abrirnos a lo que está por llegar. Sea como sea su familia, su situación económica o su vida profesional. A nadie le apetece tener que adentrarse en esta travesía poblada de ausencias y recuerdos y plagada de vacíos, oscuridad y dolor. Pero a medida que uno avanza confiando y sin poner resistencia, la negación se transforma en evidencia, la rabia se convierte en perdón, la tristeza en compasión y así se llega finalmente a la aceptación. Esa aceptación que permite soltar y sentirse liviano, conectando de nuevo con el amor hacia ti. Y es entonces, después de haber sufrido y con la ayuda del tiempo, cuando aprendes de verdad.

Para lograr este gran y necesario cometido, antes tenemos que aprender a soltar. No es fácil, pero se trata de un paso innegociable. De alguna manera, Río vive ese último día en París como una constante despedida. Se despide de Manon, se despide de cada rincón de la ciudad subiendo hasta la parte más alta para sentir cómo esta la sostiene una vez más y pretende despedirse también de Arthur con una mezcla de emociones y sentimientos en los que prefiere no profundizar.

Pero lo más importante es que se despide de todo ello desde un sentimiento de gratitud muy verdadero. A sabiendas de que cada uno de esos rincones, experiencias y personas la han ayudado a recuperar la confianza en sí misma, a comprender que debe soltar aquello que ya no le pertenece y que todo está bien porque cuando dejas espacio, la vida se apresura a encontrar algo nuevo para llenarlo. Porque la vida es así, es buena y generosa, y su principal cometido radica en que logremos aprender, comprender y crecer.

DÍA 10 D. P. - DOMINGO

Estoy en el aeropuerto esperando el embarque. El vuelo se ha retrasado tres veces y llevo doce horas aquí, pero lo mejor de todo es que no me importa. Lejos de vivirlo como una pérdida de tiempo, he aprovechado para escribir o, mejor dicho, para describir, todo lo que he experimentado durante estos días en París. El momento de hacerlo es ahora que lo tengo fresco en mi cabeza. Lo he descrito por días, como si fuera un diario, pues no quiero que se me olvide nada de lo que ha significado este viaje para mí. Tal vez en casa pueda desarrollarlo un poco más e incluso convertirlo en un libro. La idea me ha hecho sonreír y me he quedado pensando en ello...

Estoy feliz. Vuelvo cargada de experiencias y ligera de espíritu. En un rato subiré al avión y esta noche estaré en casa con Mel. Mi hermana ha tenido que marcharse de mi piso, porque no podía estar hasta tan tarde hoy. No quería que yo entrara y estuviera sola con todos los huecos que han dejado las cosas de Jan, pero ya le he dicho que no se preocupe, que en los huecos pondré cuadros y plantas, que me gustan los espacios vacíos porque son los únicos que dan lugar a que entren cosas nuevas. Y eso lo aplico al cuerpo y al hogar, al corazón y a la cabeza. He hablado con ella por teléfono y se ha sorprendido al escucharme así de bien, se alegró mucho.

—Lau, tienes que venir a París. O algún día venimos juntas y te enseñaré los lugares en los que he cicatrizado, los espacios que ocupaban las personas que, sin saberlo, me han sanado.

—¡Claro, Río! Me encantaría. Mamá se queja porque no le has enviado ni una foto… —dice mientras se ríe.

—¡La verdad es que no he hecho prácticamente ninguna! Hay fotos de París por todas partes, Lau, y en cualquier caso las fotos nunca reflejan lo que están viendo nuestros ojos. Yo os describiré la ciudad todo lo que queráis —le digo.

—Tengo muchas ganas de que me cuentes cómo has vivido este viaje sola después de lo que te pasó, estoy muy orgullosa de ti, Río, has sido muy valiente.

—Tú me empujaste a serlo, insististe para que viniera y es lo mejor que podía haber hecho. Gracias de verdad. Te contaré todo lo que quieras, pero lo entenderás mejor si lo lees. De hecho, he estado tomando notas porque quiero escribirlo y desarrollarlo bien.

—¿Cómo que quieres escribirlo? ¿Lo vas a convertir en tu próximo libro o qué? —Se ríe.

—Pues, aunque te rías, puede que sí… no lo sé aún. Tengo algunas notas ya y creo que podría publicar el diario de mi recuperación, explicar cómo me he reconstruido y todo lo que he ido aprendiendo en este proceso de duelo tras mi ruptura. Tal vez pueda ayudar a otras personas que están viviendo lo mismo que yo, o que lo han vivido en el pasado o que lo vivirán más adelante, no sé… Son procesos complejos para los que creo que nunca estamos preparados.

—Mmm, oye, pues no está nada mal esta idea, el diario de una ruptura… ¡Me gusta!

—A mí también… Mañana hablaré con Geri a ver qué le parece la idea. Madre mía, tengo las emociones a flor de piel.

Ha sido todo perfecto, Lau. Ya ves, hasta me ha ido de perlas el retraso del vuelo —le digo alegre.

—Río, me parece increíble oírte así, con esa energía y esas ganas…Vaya cambio en tan poco tiempo, te fuiste hecha una piltrafa y te siento transformada. Tengo muchísimas ganas de verte, estoy segura de que irradias amarillo fosforito. —Lau se ríe de su propia broma.

—En realidad estoy un poco, no triste, pero sí nostálgica. Me han pasado cosas importantes y tengo que digerirlas. También tengo que aprender a convivir con la nueva Río. ¡Ahora me caigo mucho mejor! ¡Cuando llegué estaba insoportable!

—Ya lo sé, ya…

Mientras hablábamos han anunciado por megafonía la apertura del embarque de mi vuelo al fin. Estoy rodeada de gente nerviosa y enfadada, personas que llevan horas haciendo cola como si así fuera a llegar antes nuestro avión. Yo tengo claro que esperaré sentada en este banco hasta que se disipe un poco el gentío. Y si he de quedarme en París una noche más, me quedo una noche más, que todo pasa por algo y yo ya he descubierto que dejarse llevar por la corriente es la mejor manera de afrontar las tormentas.

El ruido de las ruedas de mi maleta sobre la acera me ha recordado al día que se marchó Jan para no volver. Es el último recuerdo que tengo de él. Ahora mis ruedas pisan sobre el rastro de las suyas dando un nuevo sentido a ese sonido que significaba mucho más, aparte de su huida cobarde. Estoy exhausta. Llevo despierta muchas horas, doce de ellas en el aeropuerto mientras escribía y reflexionaba…

Yo estoy bien, he llegado pletórica de París, con el sabor del Apperol aún en la garganta y con ciertas reservas sobre mi llegada a casa. Pero en el portal me ha embargado una alegría inmensa, he estado segura de que Mel ya me habría percibido. Cuando llego suele estar maullando detrás de la puerta, esperándome, porque ya ha escuchado el ascensor y, no sé cómo lo hace, pero sabe que soy yo. He subido al ascensor. Mientras ascendía me he mirado en el espejo y por un momento me ha parecido ver que tenía el pelo rojo, pero al parpadear ya no. Está claro que estoy medio dormida.

He abierto la puerta y, tras encender la luz, ahí estaba Mel, esperándome. Se ha tumbado delante de mí para que lo cogiera y lo acariciara sin dejar de ronronear. Le voy a compensar mi ausencia con un sinfín de mimos y caricias.

—¿Me has echado de menos Melito? Yo también te he echado de menos ¡mucho mucho mucho! ¡Vamos a ver cómo está la casa!

Me he dirigido al comedor. De camino, por el pasillo, he percibido el hueco de dos grandes fotos de viajes de Jan que ya no estaban. Al encender la luz del comedor he visto la mesa del despacho limpia y vacía. Iba a tener muchísimo espacio para colocar algunos libros que tenía guardados por falta de hueco… Y en la mesa del salón he visto un ramo de flores rojas y granates. Lau me ha dejado flores frescas. Aunque sabe que no soy de flores, ella siempre insiste en que aportan luz y color y hacen bien. Ha comprado un ramo muy parecido al que yo le regalé ayer a Manon. Es curioso lo conectados que estamos unos con otros sin apenas darnos cuenta. Estoy segura de que sincronicidades como esta suceden todos los días en todos lados y no percibimos más que una mínima parte. Cuando percibes alguna, es como escuchar el lenguaje del universo diciéndote que todo está unido, que formas parte de ese todo, que no lo olvides. No hay casualidades ni magia, todo tiene un por qué y un para qué. Estoy segura de eso.

No me quedan energías para nada más, me siento tan cansada que solo puedo meterme en la cama. Mel se acurruca en mi pecho, abrazándome como si fuera una personita peluda. Con su calor y su ronroneo me quedo dormida al instante.

Sueño con dos niñas y dos niños jugando a orillas del río de Charleville. Dos de ellos son Arthur y Vitalie Rimbaud, los otros dos somos pelorrojo y yo. Yo también tengo el pelo rojo, pero es muy largo. Los cuatro jugamos, volamos sobre la ciudad y mi pelo es tan largo que tengo que ir con cuidado de que no se enrede en las puntas y esquinas de algunos edificios. Es bonito volar, una mezcla de un cuadro de Chagall y la película de Peter Pan. Hay muchísimos colores aunque es de noche. Yo estoy muy feliz, pero mi pelo me lastra y a veces me quedo atrás por tener que ir controlando que no se enganche en ningún lado. Luego volamos sobre el río, es de un azul brillante precioso. Arthur me da la mano y sobrevolamos juntos el cauce. Vitalie y Rimbaud ya no están con nosotros. Mi pelo cae al agua y, al empaparse, me lleva hacia abajo, tengo mucho miedo porque pienso que me ahogo, pero entonces Arthur se pone de pie en el agua y me enseña a surfear. Surfeamos juntos y, al cabo de un buen rato yo estoy sola y sigo surfeando y mi pelo mojado flota en el aire. Tengo los elementos completamente dominados. Me siento feliz.

EPÍLOGO

Y hasta aquí la historia de Río, una mujer rota que decide enfrentarse a sus miedos, desafiando el pasado y retando a la vida mientras busca con ansias desprenderse de su dolor. Con un viaje a París por delante, se enfrenta, una por una, a todas las fases del duelo (la negación, la rabia, la tristeza y la aceptación) hasta darse cuenta de que la belleza que la rodea siempre ha estado ahí, independientemente de si podía percibirla o de dónde y cómo se encontrara ella. Logra descubrir que, por mucha belleza que haya a su alrededor, si la observa a través de unos ojos llenos de oscuridad, jamás logrará verla de verdad.

En realidad no importa cómo te lo vendan, aquello que te digan o tus creencias sobre qué es lo que hay que hacer. Vivir la experiencia de una ruptura, sentir el dolor de la pérdida de alguien que para ti es realmente importante, reconocer que esa persona, pudiendo estar contigo, ha decidido seguir sin ti, que prefiere no tenerte más a su lado, es de las experiencias más devastadoras que existen. Incluso cuando eres tú quien toma la decisión de separarse, puede llegar a ser un camino de lo más doloroso y demoledor.

Pero el hecho de que suframos por las pérdidas indica que nos hemos implicado y entregado, que somos seres compasivos, que nos importa el dolor que podamos crear en los demás con nuestros actos y que hemos amado de verdad. Y esto es lo que hace que nuestra vida tenga un verdadero sentido. Implicarnos, compartir, construir, vincularnos, apoyarnos, comprender, abrazar, amar. El resto, perdona que lo diga así de claro, son meros pasatiempos superficiales que, aunque puedan parecer muy atractivos y llamativos, están vacíos por dentro.

No podemos olvidar que la ruptura de una relación de pareja, lejos de suponer el final de nuestra existencia, que es lo que sentimos a menudo cuando quedamos inconscientemente atrapados en el victimismo, viene a indicarnos que ha acabado solo una etapa y que eso implica que se abren ante nosotros infinidad de nuevas y enriquecedoras posibilidades. Acabó ese capítulo, sí, pero la historia de nuestra vida continúa. Cada uno decide si quiere abandonarse y dejarse arrastrar por la tristeza y la desolación incontroladas hasta que no le queden fuerzas o si se agarra con firmeza a la vida y transforma esa experiencia en el mayor renacer de sus días.

Lo que sí es cierto es que, aunque cada proceso sea muy personal, acostumbramos a experimentar una serie de síntomas que son comunes en la mayoría de los casos. Te los describo a continuación para que puedas identificarlos si aparecen y que comprendas que forman parte de las etapas de toda experiencia de ruptura, pero que, aun así, debes esforzarte por transitarlos y salir de ellos. Si estos síntomas persisten en el tiempo, harán que no seas capaz de pasar página ni de seguir adelante.

➤ **Obsesión.** Tu único pensamiento, aquello en lo que inviertes más energía mental es en él/ella. Te preguntas *¿por qué?*, *¿por qué?*, *¿por qué?*, en bucle, una y otra vez, como un disco rayado. La respuesta es evidente y la tienes ante ti, pero no te gusta y no estás dispuesto a aceptarla. Prefieres seguir siendo presa del victimismo.

De esta forma, desde esa postura de víctima, puede que obtengas la atención y tal vez la compasión de los demás, su cariño, y así no te sientas tan solo. Pero a pesar de eso, que te den la razón no te va a ayudar mucho. Lejos de hacerte reaccionar y avanzar para dejar atrás esa historia que al fin y al cabo ya acabó, reforzará aún más tu rabia y tu sensación de injusticia, haciendo que la obsesión, en vez de disminuir, se haga más grande.

Con la obsesión, solo somos capaces de pensar en la pérdida que supone para nosotros el fin de esa relación: en todo lo que ya no podremos hacer de nuevo, en lo que no volveremos a tener, en las personas con las que ya no podremos quedar, costumbres que tendremos que cambiar, sueños a los que tendremos que renunciar, expectativas que deberemos soltar... Y así en bucle. Si nos damos cuenta de que estamos atrapados entre las garras de la obsesión (tanto si lo vemos por nosotros mismos como si es alguien más quien nos ayuda a lograrlo), debemos hacer todo lo posible para salir de ese círculo vicioso lo antes posible.

➤ **Desatención hacia los demás.** Este punto es muy importante. Al obsesionarte con esa persona que se ha ido, te olvidas por completo de aquellos que sí están ahí. De aquellos que son verdaderamente importantes para ti, de quienes siguen a tu lado, los que se preocupan de verdad, los que te abrazan incluso desde la distancia, los que no se van. Son ellos los que tienen auténtico valor y, en cambio, los dejamos a un lado porque solo nos importa nuestra pérdida y nuestro dolor. A menudo, ni siquiera les agradecemos su lealtad y su compañía, los damos por sentado y nos olvidamos de ellos sin ni siquiera preguntarles cómo están. Solo somos capaces de vernos a nosotros mismos y eso, si se alarga, es peligroso.

➤ **Desatención hacia ti.** Te desatiendes y te olvidas de ti, de tus necesidades, de tu dignidad. Es normal que para ir asumiendo esa pérdida y ese dolor te permitas tus momentos de tristeza, que llores, que sientas opresión en el pecho y quieras aislarte, que no tengas ganas de hacer vida social. Pero debes esforzarte en que esos momentos no sean las veinticuatro horas del día ni se alarguen durante los siete días de la semana. Debes poner de tu parte, esforzarte para hacer aquello que sabes que, aunque no te apetezca en absoluto, será lo mejor para ti.

➤ **Vergüenza.** La vergüenza es otro síntoma muy habitual en estos procesos. Tener que contar a los demás lo ocurrido pensando que pueden vernos como unos fracasados, nos cuesta la vida. A aquellos a quienes les habías explicado lo bien que estabas en tu relación y lo maravilloso que era todo en vuestra vida, o a esos a los que tal vez no les habías compartido nada, pero que sabes que os miraban con admiración. Incluso a esos que te decían que esa historia no iba a ninguna parte y tú te resistías a darles la razón… Es complicado. Vivimos el final de una relación como un fracaso y, dado que todos buscamos la aprobación y el reconocimiento ajeno, el hecho de tener que aceptar que no ha ido bien, nos pesa un mundo, se nos hace una bola en la garganta y no la queremos escupir de ninguna manera. Preferimos ahogarnos. No queremos que nadie lo note ni lo sepa. Y, claro, como siempre sucede, cuando no quieres aceptar algo que está ahí, que ya pasó y que no depende de ti, te hará sufrir mucho más de lo necesario.

➤ **Falta de concentración.** Falta de memoria, falta de ilusión, sensación de que ya nada tiene sentido, de que ya nada vale la pena. No tienes energía ni interés por nada.

Por nada más que darle vueltas a lo ocurrido y tratar de buscar detalles que te reafirmen en lo desgraciado que eres y lo injusto de la situación. Y buscas información, buscas datos, novedades, quieres que te cuenten, saber cómo le va, que te expliquen qué hace, dónde, cuándo y con quién. Fantaseas y te autoengañas pensando que se está arrepintiendo y que lo está pasando igual de mal que tú. Solo hablas de ese tema y de esa persona. No eres capaz de leer porque no te concentras, no puedes escuchar música porque te duele demasiado, no puedes hacer nada porque todo te lleva a lo mismo. Te recuerda que esa persona ya no está.

Tal y como te comentaba, estos son los síntomas habituales que uno experimenta cuando vive un proceso de este tipo, pero deseo aclarar que he querido nombrarlos, no para que digas *Ves, eso es lo correcto, puedo seguir así,* sino con el objetivo de que si identificas en ti alguno de ellos, te dispongas a dar un golpe en la mesa para salir de ahí lo antes posible. Quiero que veas que es algo propio del proceso pero que tomes conciencia de que no puedes ni debes quedarte anclado a ellos, pues no es en absoluto un estado sano como para instalarse en él. Si alargamos la estancia, puede acabar siendo altamente tóxico.

Además, al salir de ellos podremos ver las incontables oportunidades y beneficios que nos ofrece una experiencia vital de este tipo. Porque sí, aunque te parezca imposible, enfrentarte a un duelo como este tiene una cara positiva: podemos aprender muchísimo sobre la vida, sobre los cambios y sobre cómo transitar las pérdidas. Y, sobre todo, es una experiencia que nos permite hacer las paces con nosotros mismos.

Teníamos toda la atención puesta en quien se fue. Esa persona que, al irse, nos ha demostrado que ya no nos ama (por lo menos, no como pareja), y que tal vez incluso nos demuestra que no le importamos o que simplemente prefiere no tenernos en su vida. Ahora, sin ninguna duda, se nos abre una maravillosa oportunidad para (una vez transitado el periodo inicial ya mencionado) volver la mirada hacia nosotros mismos, pero de una forma más amable y compasiva. Se trata de mirarnos con amor, reconciliándonos con quienes somos de verdad, en esencia, más allá de esa o de cualquier otra pareja. Conectando con la certeza de que no necesitamos a nuestro lado a nadie que no quiera o no desee estar ahí. Conectando con la certeza de que merecemos amor, atención y la admiración del otro y de que eso no aparecerá si antes no hemos sido capaces de cultivarlo hacia nosotros mismos. Recordando quiénes somos y qué nos define, eligiendo cuidarnos y rodeándonos solo de aquellos que nos demuestran a diario que nos quieren de verdad.

Es cuando te quedas solo que te das cuenta de quién sigue estando ahí. Y aunque desaparezcan todos los que frecuentaban tu mundo exterior, hay alguien que sigue siempre a tu lado: tú. Debes aprender a estar de nuevo (o por primera vez) contigo, debes redescubrirte, conectar con el placer de mirarte, buscar la infinidad de cualidades que posees, activar tus talentos y encontrar la forma de llenar tus días con aquello que verdaderamente te haga feliz. Con aquello que disfrutes de una manera sincera y que te conecte de nuevo con la vida y con tus ganas de vivir.

Río recuperó ese placer y esa conexión con la vida en su viaje a París. Es cierto que cuando cambiamos de escenario y, de repente, todo es nuevo y nada nos conecta con recuerdos vinculados a nuestra relación, cuando no nos queda otra que sacar nuestros recursos de la mochila porque no tenemos a nadie que nos sostenga, ahí sale a flote nuestra auténtica verdad. Ahí es donde se produce el milagro del despertar. Pero se producirá igualmente aunque no cambies de país ni de entorno. Río se dio cuenta, durante esa experiencia, de que su verdad era infinitamente más grande que su pena. Descubrió que la vida se esforzaba en mostrarle una y otra vez la abrumadora belleza que la rodeaba y que no tenía sentido seguir golpeando una puerta que ya hacía tiempo que se había cerrado. Que se esforzaba en mostrarle que era mucho mejor dejarse llevar, con apertura y sin expectativas, simplemente confiando en que poco a poco iría empezando a disfrutar de ese nuevo despertar.

Está claro que no todo el mundo vive un proceso de duelo igual y que cada ruptura puede ser distinta. A mí cada vez que me preguntan cuál es el tiempo que se considera normal para superar la ruptura de una relación siempre digo lo mismo: depende. Pero sí es cierto que debemos tratar de salir de la fase de rabia y negación lo antes posible y que, a veces, para conseguirlo tenemos que poner de nuestra parte. Aunque no nos guste. Aunque no nos apetezca lo más mínimo. Debemos hacer el esfuerzo de todas formas. Tratar de abrirnos a la vida, aunque sea arrastrando los pies tal y como hizo Río, es la mejor de las opciones y cuanto antes tomemos ese camino, antes llegaremos a puerto.

Río regresó de ese viaje siendo otra. Igual que muchas personas que pasan por procesos parecidos. Pero hay infinidad de factores que interfieren en el tiempo que nos va a llevar a la completa superación de la ruptura. Aspectos como los conocimientos de cada uno sobre relaciones, la propia personalidad de quien lo viva, los referentes a los que imitamos de forma inconsciente (los padres), nuestra autoestima, la situación personal y económica, la historia de la relación, los hijos, etcétera. Por eso no quisiera que nadie que esté tardando bastante más en superar una experiencia así se sienta mal o conecte con la idea de que no lo está haciendo bien. Tal vez no, pero tal vez sí. Y, por supuesto, no es imprescindible irse a París para conseguirlo. Este viaje, al fin y al cabo, es una metáfora de qué es lo que podemos experimentar, estemos donde estemos.

Mi recomendación es que en el mismo momento en el que uno se dé cuenta de que no logra dejar atrás de forma absoluta esa relación que ya acabó, si toma conciencia de que sigue pensando en esa persona que ya no está, si sigue teniéndola en su presente (aunque sea solo en su cabeza) y no es capaz de desprenderse de ella, que pida ayuda. Un proceso terapéutico, en los casos en los que la relación ya acabó, suele ser muy corto y enormemente beneficioso y liberador. A menudo nos resistimos a ir a un profesional porque pensamos que tenemos que hacerlo solos, y con esa creencia no nos recuperamos y nos vamos sintiendo cada día peor. Lamentablemente, no nos educan para saber gestionar estas situaciones tan frecuentes en nuestra vida. Por eso siempre es bueno aprovechar el dolor para aprender y para crecer. Así, de la mano de un experto, adquirimos esta información tan necesaria y estas herramientas que nos servirán para siempre. Y quiero añadir algo más, porque intuyo muchos os lo estaréis preguntando. ¿Y si hay hijos? Bien, cuando tenemos hijos en común (y más si estos son pequeños) y la relación se rompe, todo se complica un poco más. Tenemos que lidiar con el duelo de la propia relación y además con las ausencias temporales de nuestros hijos cuando estén con el otro progenitor. Por no hablar de si la otra persona es tóxica o tiene un trastorno de personalidad. En estos casos recomiendo aún con más fuerza que se pida ayuda profesional. Un psicólogo experto en el tema podrá dar las pautas adecuadas y más beneficiosas para los hijos y para que tomemos las mejores decisiones causando el menor daño posible. En nuestros centros de terapia vemos un cambio enorme en cada persona después de realizar unas pocas sesiones, tras aumentar notablemente su autoestima, su claridad mental, su estabilidad emocional y volver a poner el foco en aquello que es realmente importante.

En definitiva, me gustaría que con este *Diario de una ruptura* recuerdes que lo prioritario es llegar a tomar consciencia de lo que hay y de que todo se mueve, que todo es pasajero y que, a pesar de lo que ocurra más allá de nuestros ojos, en otros cuerpos y a raíz de otras verdades, lo que importa no es tratar de retener a aquellos que se van, sino cuidar, amar y disfrutar mientras podamos de quienes siguen estando a nuestro lado. Empezando, eso sí, por nosotros mismos.

Si necesitas una ayuda más personalizada en tu proceso o si quieres seguir trabajando en ti, a continuación, te ofrezco varias opciones:

Consulta en mi web www.silviacongost.com información sobre:
- Sesiones presenciales y online.
- Grupos de autoestima.
- Cursos online.
- Mis libros.
- Mi agenda de actividades: conferencias y encuentros.
- Nuevos artículos publicados.
- Mis transformadores EVENTOS EN TEATROS de España y Latinoamérica.

Sígueme en redes:
- silviacongost
- silvia.congost
- silviacongost
- silviacongost-psicologa

«Para viajar lejos no hay mejor nave que un libro».

EMILY DICKINSON

Gracias por tu lectura de este libro.

En **penguinlibros.club** encontrarás las mejores recomendaciones de lectura.

Únete a nuestra comunidad y viaja con nosotros.

penguinlibros.club